다윗

여호와께서
이기게
하셨더라

당신이 하나님을 더 깊이 알아 가고 더 널리 알리는 사람이 되는 것, 이 책에 담긴 예수전도단의 마음입니다. 말씀을 통해 저자가 깨닫고, 원고를 통해 저희가 누릴 수 있었던 그 감동이 책을 통해 당신에게도 전해지기 원합니다. 그리고 당신을 통해 그 기쁨과 은혜가 더 많은 이들에게 계속해서 흘러가기를 기도하겠습니다. 이 책을 통해 당신이 받은 은혜를 다른 분들에게도 나눠 주십시오. 사랑하고 축복합니다.

ⓒ 유병용, 2016

본 저작물의 저작권은 도서출판 예수전도단에 있습니다.
저작권법에 의해 보호받는 저작물이므로 무단 전재와 복제를 금합니다.

다윗

유병용 지음

여호와께서 이기게 하셨더라

Step of Faith

와웸퍼블

추천사

『다윗: 여호와께서 이기게 하셨더라』는 다윗의 인생 여정이 묻어나는 고백입니다. 그는 거대한 골리앗 앞에서, 사울 왕의 핍박 앞에서, 압살롬의 쿠데타 앞에서도 하나님만을 피난처로 삼고 하나님의 때를 기다렸습니다. 다윗의 신학은 '기다림의 신학'입니다. 이 책은 하나님의 때를 기다림으로 이기게 하신 인생승리를 담고 있습니다. 독자 모두가 다윗처럼 하나님의 도우심으로 승리의 삶을 살아가는 은혜를 받을 것입니다.

"내가 여호와를 기다리고 기다렸더니 귀를 기울이사 나의 부르짖음을 들으셨도다" 시 40:1

장학일 목사 예수마을교회

『다윗: 여호와께서 이기게 하셨더라』는 무한경쟁 속에서 시달리고 지친 현대인들의 삶에 새로운 희망을 전해줄 것입니다. 유병용 목사님의 다윗에 대한 깊은 묵상과 말씀에 대한 탁월한 통찰력으로 집필된 이 책은 사람의 힘과 능력을 넘어 역사하시는 하나님의 강력한 손길을 경험케 해줄 것입니다. 하나님께서 이기게 하시는 능력이 오늘 이 책을 읽는 모든 분들에게 새로운 희망으로 삶 속에서 나타나게 될 것입니다. 이기게 하시는 하나님의 능력을 직접 경험해 보시길 바라며 이 책을 추천합니다.

고신일 감독 기둥교회

한 인물에 대한 글을 쓸 때는 작가가 그 인물에 대해서 얼마나 잘 알고 있는지가 매우 중요한데, 그런 면에서 유병용 목사님은 다윗에 대한 책을 내기에 참 적합한 분이라 생각합니다. 모든 일에 최선을 다하고, 큰 꿈과 남다른 스케일을 가진 열정의 설교자이자 피스메이커 유병용 목사님은 이 책을 통해 그 옛날 다윗과 같이 우리를 하나님의 마음에 합한 자가 되도록 인도해줄 것입니다.

한상호 목사 주안감리교회

유병용 목사님을 통해 만난 다윗의 이야기는 하나님의 심장을 만나게 합니다. 오늘을 사는 우리의 마음을 설레게 하고 희망으로 일어서게 합니다.

유관재 목사 성광교회

저는 하나님께 이런 질문을 드리고 싶었습니다. "하나님, 성경의 인물들 중 하나님과 마음이 통하고 비전이 통하는 가장 확실한 사람을 뽑으라면 누구를 뽑으시겠어요?" 그리고 스스로 이런 대답을 했습니다. 당연히 "다윗"을 말씀하실 것이라고 말입니다.

"내 마음에 합한 자!" 이것이 다윗을 향한 하나님의 마음이었습니다.

유병용 목사님의 책은 하나님의 마음을 시원하게 해드리고, 독자들에게는 승리의 방향을 제시하는 최고의 선물입니다. 이 책으로 인해 하나님이 인정하는 명품 그리스도인이 되어 보십시오.

장학봉 목사 성안교회

다윗의 일생은 아픔이었고, 고통이었고, 절망적이었으나 현실을 뛰어넘는 다윗의 분명한 믿음은 여호와께서 이기게 하시는 능력을 증명하였습니다.

통이 크면서도 따스한 목회자, 담대하면서도 세심한 동역자, 가까우면서도 존경하는 저자의 책, 『다윗: 여호와께서 이기게 하셨더라』를 읽으면서 흐뭇한 마음으로 박수를 보내며 모든 분들에게 이 책을 추천합니다.

김요한 목사 인천신현교회

유병용 목사님을 만나면 '마음에 음악을 갖고 있는 사람'이라는 생각을 하게됩니다. 유쾌하고 신나게 만드는 묘한 힘이 있기 때문입니다.

이 책을 읽는 모든 분들도 제가 느낀 유쾌하고 새로운 힘을 느끼게 될 것입니다.

이찬용 목사 부천성만교회

하나님은 가장 보잘것없는 다윗에게 하늘의 능력을 주셔서 가는 곳마다 이기게 하셨습니다.

이처럼 이 책을 읽는 모든 분들에게도 그런 은혜가 임하기를 소망하며 이 책을 추천합니다.

하근수 목사 동탄시온교회

다윗의 이야기를 통해 하나님의 살아계심과 인도하심 그리고 은혜와 능력으로 역사하시는 하나님을 만나게 될 것입니다. 고난이 약재료가 되어 승리의 역사를 이룬 다윗처럼 생명의 말씀을 따라 인도함을 받길 기대하며 이 책을 추천합니다.

노완우 목사 기쁨의교회

골리앗 앞에서도 하나님을 먼저 기억한 다윗. 그의 삶을 유병용 목사님의 단단한 필체로 만나는 것은 기대 이상의 능력을 경험하는 통로가 될 것입니다. 이 책이 승리케 하시는 하나님을 만나는 계기가 되어 승리의 그 깃발을 우리 모두 함께 들 수 있기를 소망합니다.

황형택 목사 강북제일교회

유병용 목사님이 다윗을 주제로 책을 쓰신다고 했을 때 가장 먼저 들었던 생각은 '다윗이 목사님의 영적 모델이었구나!' 하는 생각이었습니다. 다윗을 가장 많이 닮으신 유병용 목사님의 책을 다윗을 닮고 싶어 하는 모든 사람들에게 필독서로 추천합니다.

문강원 목사 원천교회

'다윗!' 이름만 들어도 가슴 뛰게 만드는 신실한 하나님의 사람! 그와 닮은꼴이신 유병용 목사님의 책 출간을 진심으로 축하드리며, 이 책을 통하여 모든 독자가 다윗과 함께 걸어가는 목사님의 향기를 느끼게 될 줄 믿습니다.

양인순 목사 성지교회

현대인의 삶에서 가장 중요한 이슈는 '관계'입니다. 그런 의미에서 다윗은 하나님과의 관계에서 가장 성공한 사람입니다. 하나님을 무조건 신뢰하고 신앙으로 도전하는 다윗을 세심하게 조명한 유병용 목사님의 책을 통해 많은 독자들이 힘을 얻을 것입니다.

설동욱 목사 서울예정교회

"다윗을 왕으로 세우시고 증언하여 이르시되 내가 이새의 아들 다윗을 만나니 내 마음에 맞는 사람이라 내 뜻을 다 이루리라" 행 13:22

다윗 신앙의 발자취를 깊고, 높게, 넓고 두껍게 파헤친 『다윗: 여호와께서 이기게 하셨더라』를 추천합니다.

오성재 목사 성은숲속교회

이 책은 다윗을 통하여 늘 느꼈던 이야기를 새롭게 조명하고, 광야에 구름 같은 사람, 어둠속 불빛 같은 사람, 태양 속 빗물 같은 사람인 다윗이 하나님과 함께한 시원한 이야기를 만날 것입니다.

윤문기 목사 안중나사렛성결교회

오직 말씀이 목회 현장의 실제가 되셨던 유병용 목사님의 『다윗: 여호와께서 이기게 하셨더라』의 출간을 축하드립니다. 다윗과 같은 삶을 살기를 소원하는 목회자와 성도들이 이 원리를 따라 살아갈 때 하나님께서 이기게 하심의 전성기를 맞이하리라 믿습니다.

김철규 목사 광주성결교회

하나님은 늘 다윗과 함께하셨고, 가는 곳마다 이기게 하시는 능력이 되어 주셨습니다. 이 책을 읽을 때 다윗을 이기게 하신 능력의 하나님을 우리 또한 만나게 될 것입니다.

정연수 목사 일곡중앙교회

노련한 전술가이자 탁월한 음악가이며 영적인 사람인 다윗의 삶을 주제로 언제나 영감 넘치는 말씀으로 많은 사람을 감화시키는 유병용 목사님의 깊은 묵상이 우리 곁에 더 깊이 다가옴을 기쁘게 생각합니다.

이 책이 우리의 메마른 삶에 큰 울림이 되기를 바라며 『다윗: 여호와께서 이기게 하셨더라』를 추천합니다.

허태호 목사 새희망교회

다윗은 하나님이 함께하시므로 한 단계 한 단계씩 도전들을 극복하고 위대한 하나님의 사람으로 세워졌습니다. 철저한 영적 훈련을 통해 어디에 가든지 하나님의 마음에 합한 자로 세워졌던 다윗처럼 이 책을 통해 21세기의 골리앗과도 같은 거대한 세속화의 물결을 거슬러 다시금 하나님의 나라를 새롭게 세우는 영적 리더들이 불 일 듯 일어나기를 기대합니다.

유성준 목사 협성대학교 교수/교목실장

이 책은 다양한 인생의 문제를 푸는 열쇠를 제공합니다. 수많은 역경 속에서도 이스라엘의 통일왕국을 이룬 위대한 왕인 다윗을 통해 현대인이 만나는 수많은 문제의 해법을 제시해 주는 책이기에 이 책을 추천합니다.

이승한 목사 국민일보 대외협력단장

차례

추천사 _ 5
저자의 말 _ 18

01 하나님을 바라보라 _ 23

하나님을 크게 보라
체험을 소중하게 여기라
믿음의 자화상을 명확히 하라

02 영적인 그림 _ 47

영적인 그림을 그리기 위한 준비
영적인 훈련을 받은 사람
철저한 훈련으로 준비된 사람
다른 사람의 말에 무너지지 않는 사람
분명한 확신을 가진 사람

03 다윗의 대반전 _ 67

전적인 신뢰가 있는 사람
하나님과 함께하는 사람
하나님의 방법을 신뢰하는 사람

04 특별한 신앙 _ 87

도전적인 사람
하나님의 신앙으로 도전하는 사람
겸손한 사람

05 하나님이 함께하시는 사람 _ 107

좋은 생각을 가진 사람
믿음의 언어를 사용하는 사람
직접 행동하는 사람

06 문제를 뛰어넘는 힘 _ 127

다른 시각을 가진 사람
열등감을 이겨 내는 사람
현재의 신앙을 가진 사람

07 내 잔이 넘치나이다 _ 149

하나님과의 관계가 형성된 사람
관계의 분명한 확신이 있는 사람
하나님의 기름 부음을 받은 사람

Step of Faith

08 쇠하는 사람, 흥하는 사람 _ 165

믿음으로 행하는 사람, 불신앙으로 사는 사람
사랑이 있는 사람, 시기와 미움이 있는 사람
하나님을 두려워하는 사람

09 멋진 승리 _ 183

하나님 앞에 먼저 물어보는 사람
감사하는 사람
하나님의 소리를 듣는 사람

10 중심에 계신 하나님 _ 205

나를 지켜주시는 하나님
나를 높이시는 하나님
기도에 응답하시는 하나님

저자의 말
Step

높은 건물이나 높은 산을 오를 때 엘리베이터를 이용하면 쉽게 올라갈 수 있습니다. 그러나 엘리베이터를 타고 올라갈 수 없는 한계점이 있습니다. 아주 좁고 위험한 곳은 엘리베이터에서 내려서 한 걸음씩 내딛어야만 목적지에 도달할 수 있습니다.

    간혹 교회 십자가의 종탑을 수리하기 위해 기사분들이 교회를 방문합니다. 종탑으로 올라가려면 옥상까지 엘리베이터를 타고 올라가지만 종탑까지는 직접 한 걸음씩 한 걸음씩 올라가야만 합니다. 높은 산을 등반할 때도 어느 지점까지는 엘리베이터나 케이블카를 타고 편안하게 올라갈 수 있지만 그 이후부터는 땀을

흘리며 자신의 발로 한 걸음씩 올라가야만 산 정상에 도달할 수 있습니다. 어느 곳이든 목적지에 도달하기 위해서는 직접 발로 걷는 과정이 필요합니다.

이스라엘의 역사 가운데 광야의 여정을 본다면

하나님은 이스라엘 백성들에게 애굽에서의 대탈출, 광야의 40년, 가나안 땅으로 입성까지 큰 기적을 나타내셨습니다. 그러나 하나님은 매 순간마다 이스라엘 백성들이 갈라진 홍해 바다 사이를 직접 걷게 하셨고, 황량한 광야의 길을 한 걸음씩 한 걸음씩 걷게 하셨습니다.

열 가지 재앙으로 바로 왕을 굴복시키시고, 광야에서 만나와 메추라기로 백성들을 먹이시고, 반석에서 물을 내어 목을 축이게 하시는 전능하신 하나님은 이스라엘 백성들을 고난과 어려움 없이 편안하게 약속의 땅으로 들어가게 하실 수도 있었습니다.

하지만 하나님은 이스라엘 백성들로 하여금 광야의 길을 걷게 하셨습니다. 이스라엘 백성들이 내딛었던 한 걸음은 비록 힘들고 고난의 발걸음이었지만 약속의 땅으로 가기 위한 귀한 여정의 발걸음이었습니다.

오늘을 살아가는 우리들에게

하나님은 이스라엘 백성들이 광야에서 수많은 고난과 어려움을 만날지라도 절망하지 않고 믿음으로 한 걸음씩 걷기를 원하셨습니다. 하나님은 오늘 우리에게도 이스라엘 백성처럼 믿음으로 한 걸음씩 한 걸음씩 걷기를 원하십니다.

인간이 태어나서 스스로 걷는 한 걸음이 소중하듯, 새로운 미래의 시간을 향하여 오늘 믿음으로 내딛는 한 걸음은 너무나 소중합니다. 믿음으로 한 걸음씩 걸을 때마다 보이지 않던 하나님의 인도하심이 보이고, 한 걸음을 걸을 때마다 느끼지 못했던 하나님의 손길을 발견하게 됩니다.

그래서 저는 여기 믿음의 한 걸음으로 승리한 한 사람을 소개하려고 합니다. 그 사람은 바로 다윗입니다. 어린 소년 다윗은 블레셋 장수 골리앗을 향해서 앞으로 한 걸음 한 걸음을 담대하게 내딛었고 결국 하나님이 골리앗을 이기게 하셨습니다. 골리앗을 향한 다윗의 발걸음은 새로운 도전이었고 기적의 출발점이었습니다. 다윗의 한 걸음은 먼 훗날 이스라엘의 가장 위대한 왕이 되는 위대한 첫 걸음이었습니다.

오늘 우리들은 어떤 발걸음을 내딛어야 할까요? 불가능을 향해서 한 걸음 한 걸음 내딛었던 다윗처럼 불가능한 삶의 현실을 향해서, 또 새로운 꿈을 향하여 믿음으로 한 걸음을 내딛는 도전이 있어야 할 것입니다.

당신이 오늘 내딛는 믿음의 발걸음이 새로운 삶의 희망을 향한 기적의 첫 걸음이 되기를 소망합니다.

유병용

01

하나님을
바라보라

어떤 사람이 다윗이 한 말을 듣고 그것을 사울에게 전하였으므로 사울이 다윗을 부른지라 다윗이 사울에게 말하되 그로 말미암아 사람이 낙담하지 말 것이라 주의 종이 가서 저 블레셋 사람과 싸우리이다 하니 사울이 다윗에게 이르되 네가 가서 저 블레셋 사람과 싸울 수 없으리니 너는 소년이요 그는 어려서부터 용사임이니라 … 주의 종이 사자와 곰도 쳤은즉 살아 계시는 하나님의 군대를 모욕한 이 할례 받지 않은 블레셋 사람이리이까 그가 그 짐승의 하나와 같이 되리이다 또 다윗이 이르되 여호와께서 나를 사자의 발톱과 곰의 발톱에서 건져내셨은즉 나를 이 블레셋 사람의 손에서도 건져내시리이다 사울이 다윗에게 이르되 가라 여호와께서 너와 함께 계시기를 원하노라 … 손에 막대기를 가지고 시내에서 매끄러운 돌 다섯을 골라서 자기 목자의 제구 곧 주머니에 넣고 손에 물매를 가지고 블레셋 사람에게로 나아가니라 삼상 17:31-40.

01
하나님을 바라보라

문제는 해답을 요구합니다. 모든 문제에는 반드시 답이 있기 때문입니다. 그래서 학생들에게는 학년별 수준에 맞게 각 과목의 실력을 평가하는 시험이 주어집니다. 시험을 볼 때는 출제자가 요구하는 정확한 해답을 써야만 좋은 성적을 거둘 수 있습니다.

최근 인터넷에서 시험 문제에 대한 학생들의 기상천외한 답으로 인해 선생님들을 당혹스럽게 한 글을 보았습니다. 그중에 몇 가지를 소개합니다.

중학교 가정 시험 중에 다음과 같은 문제가 출제되었습니다. '찐 달걀을 먹을 때는 ( )을(를) 치며 먹어야 한다.' 정답이 무엇일까요? 정답은 '(소금)을(를) 치며 먹어야 한다'인데, 한 학생이 '찐 달걀을 먹을 때는 (가슴)을(를) 치며 먹어야 한다'라는 답을 썼다고 합니다.

두 번째는 초등학교 체육 시험 문제입니다. '올림픽 운동 종목에는 ( ), ( ), ( ), ( )이(가) 있다'라는 문제가 출제되었습니다. 정답에는 육상, 수영, 권투, 체조 등 여러 가지 운동 종목을 나열하면 됩니다. 그런데 한 학생은 '올림픽 운동 종목에는 (여), (러), (가), (지) 이(가) 있다'라고 적었다고 합니다.

또 다른 초등학교의 자연 시험 문제입니다. '개미를 세 등분하면 ( ), ( ), ( )로 나뉜다.' 정답은 '(머리), (가슴), (배)로 나뉜다'인데, 한 학생은 '개미를 세 등분하면 (디), (진), (다)'라고 썼다고 합니다.

문제에 대한 정답을 요구받는 것은 학생들만이 아닙니다. 오늘 우리들의 삶 속에서도 우리가 풀어가야 할 삶의 문제들이 너무나 많습니다. 개인의 문제도 있고, 가정의 문제도 있고, 사회적인 문제, 또 국가적인 문제도 있습니다.

2007년, 미국 사회에 큰 이슈가 되었던 사회적 문제 가운데 '서브프라임 모기지 사태'가 있었습니다. 당시 미국의 많은 사람들이 집을 사기 시작했습니다. 은행에 대출을 받고 무리하게 이자를 내며 집을 구입하였습니다. 좋은 집에 살고 싶은 마음도 있었지만 대부분의 목적은 투자에 있었습니다. 당시에는 집을 사면 얼마 지나지 않아 정말 마법처럼 집값이 뛰어올랐습니다. 대출 건수가 늘어나 큰 이윤을 남긴 은행들도 여기에 가세하여 사람들에게 쉽게 대출을 승인해 주었습니다. 사람들은 대출을 받아 구입한 집값이 오르면 그 집을 팔고 대출금을 갚는 게 아니라 더 큰 집을 사서 투기를 하였습니다. 집값이 오를수록 더 많은 대출을 받았습니다. 더 큰 이윤을 남길 수 있다는 기대 심리가 있었기 때문입니다.

    그러던 어느 날 집값이 하락하기 시작했습니다. 그러자 모든 상황이 손바닥을 뒤집듯 뒤집혔습니다. 집값은 바닥을 모르고 추락하게 되었고, 원금보다도 더 떨어지는 현상이 생겼습니다. 부풀었던 꿈은 한순간에 깨졌고 수많은 사람들이 빚더미에 올라 파산하게 되었습니다. 사람들은 경제적인 문제와 고통 앞에서 무너지기 시작했습니다. 이 여파는 사회와 국가에까지 큰 영향을 미치게 되었습니다. 이로 인해 2008년에는 세계경제를 휘청하게 만들었습니다.

인생을 살아가다 보면 이와 비슷한 '문제'는 언제라도 일어날 수 있습니다. 중요한 것은 이런 문제를 어떻게 지혜롭고 안전하게 풀어가느냐는 것입니다.

여기 삶의 문제 속에서 정답을 찾아가는 두 사람이 있습니다. 한 사람은 사울이고 다른 한 사람은 다윗입니다. 사울은 이스라엘의 초대 왕이었습니다. 당시 사울 왕이 직면한 문제는 블레셋과의 전쟁이었습니다. 블레셋에는 골리앗이라는 장수가 있었는데 그 장수가 너무 크고 무서워서 이스라엘의 어떤 장수도 그와 싸우려 하지 않았습니다. 이스라엘 군대는 블레셋 장수 골리앗을 피해 도망갈 수밖에 없는 상황이었습니다.

> 이스라엘 모든 사람이 그 사람을 보고 심히 두려워하여 그 앞에서 도망하며 삼상 17:24.

다윗은 이새의 여덟 번째 아들로 아직 어린 소년이었습니다. 다윗의 형들 중 세 명은 사울 왕을 따라 전쟁터에 나가 있었습니다. 아버지 이새는 전쟁터에 있는 아들들의 안부가 궁금해서 들에서 양을 치던 어린 소년 다윗에게 심부름을 보냅니다. 형들에게 먹을 것을 갖다 주고 돌아올 때 형들이 살아있다는 증표를 가지고 오라는 것이었습니다.

> 이새가 그의 아들 다윗에게 이르되 지금 네 형들을 위하여 이 볶은 곡식 한 에바와 이 떡 열 덩이를 가지고 진영으로 속히 가서 네 형들에게 주고 이 치즈 열 덩이를 가져다가 그들의 천부장에게 주고 네 형들의 안부를 살피고 증표를 가져오라 삼상 17:17-18.

전쟁터에 도착한 다윗은 이스라엘 군대의 절망적인 상황을 보게 됩니다. 형들은 전쟁에 대한 두려움에 사로잡혀 있었고 사울 왕은 블레셋 장수 골리앗으로 인해 도망갈 수밖에 없는 상황이었습니다. 전쟁터에 있는 사람들 모두 닥쳐온 현실의 절망적인 문제 앞에서 너무나 무기력해졌습니다.

다윗의 가정적 측면에서 본다면 전쟁으로 인해 세 형이 죽음의 문턱 앞에 있었고, 국가적 측면으로 본다면 블레셋에게 패배할 수밖에 없는 상황이었습니다. 다윗의 가정과 국가 모두 그 누구도 풀 수 없는 절망적인 상황에 직면한 것입니다. 그러나 하나님은 어린 소년 다윗을 통해 가정에 찾아온 문제, 국가에 찾아온 문제를 하나하나 풀어가십니다.

우리의 삶에서도 어려운 상황이 언제든지 찾아올 수 있습니다. 우리가 고민해야 할 것은 '이 문제들을 어떻게 풀어갈 것인가' 입니다. 다윗을 통하여 문제를 해결하시는 하나님의 기적을 보면서 우리도 인생의 대반전을 이루시는 하나님의 기적을 체험하여 삶 속의 문제를 지혜롭게 풀어갈 수 있어야 합니다. 다윗은 직면한 문제들을 어떻게 풀어갔을까요?

하나님을 크게 보라

무엇을 어떻게 보느냐에 따라서 현실적 상황이 전혀 다르게 느껴질 수 있습니다. 현실의 문제를 크게 보면 걱정이 찾아옵니다. 염려와 두려움으로 가득 찹니다. 그러나 현실의 문제보다 전능하신 하나님을 크게 보면 염려와 두려움이 사라집니다. 걱정이 없어지고 하나님이 주시는 새로운 희망이 생기기 시작합니다.

사울 왕과 모든 이스라엘 군사들은 블레셋의 장수 골리앗을 너무나 크게 봤습니다. 모두가 두려워 떨고 있었습니다. 골리앗을 이길 수 없는 것이 현실이기에 이스라엘 군대가 할 수 있는 것이라고는 도망가는 것이 전부였습니다. 이스라엘의 왕과 장수, 군인들까지도 모두 골리앗을 보고 두려워하여 도망가고 있었습니다 삼상 17:24.

골리앗은 어떤 사람이었습니까? 성경은 골리앗을 이렇게 설명합니다.

> 블레셋 사람들의 진영에서 싸움을 돋우는 자가 왔는데 그의 이름은 골리

앗이요 가드 사람이라 그의 키는 여섯 규빗 한 뼘이요 삼상 17:4.

싸움을 돋운다는 말은 싸움을 할 때 힘이 나고 신명나게 한다는 뜻으로 골리앗이 매우 싸움을 잘해서 블레셋 군대를 대표하고 있음을 나타냅니다. 가드는 블레셋의 5대 도시 중 하나인데 가드의 사람들은 다른 부족들보다 골격이 굉장히 큰 거인 족속이었습니다. 성경은 골리앗의 키가 여섯 규빗이라고 말하는데, 한 규빗은 손가락 끝에서부터 팔꿈치까지의 길이를 말하고 통상적으로 40-45cm를 지칭합니다. 골리앗의 키가 여섯 규빗하고도 한 뼘이니 환산하면 250-260cm 정도가 됩니다. 골리앗이 매우 키가 크고 골격이 장대한 장수라는 것을 알 수 있습니다.

또한 골리앗은 전쟁에서 전투를 할 장비를 모두 갖추고 있었는데, 성경에서는 머리부터 발끝까지 투구와 갑옷을 입고 창을 든 모습을 묘사합니다.

머리에는 놋 투구를 썼고 몸에는 비늘 갑옷을 입었으니 그 갑옷의 무게가 놋 오천 세겔이며 그의 다리에는 놋 각반을 쳤고 어깨 사이에는 놋 단창을 메었으니 그 창 자루는 베틀 채 같고 창 날은 철 육백 세겔이며 방패 든 자가 앞서 행하더라 삼상 17:5-7.

골리앗이 들고 있는 창 자루는 마치 베틀의 채 같다고 했습니다. 채는 베틀의 양쪽 옆에 댄 긴 나무를 뜻합니다. 아마 체격이 크니까 창도 보통 사람들이 쓰는 것과는 다르게 어마어마하게 컸을 것입니다.

골리앗의 외형적인 기세로 인해 상대적으로 체격이 작은 이스라엘 군사들은 압도를 당해 누구도 감히 골리앗에 대항해서 싸울 엄두를 내지 못하고 있습니다. 전쟁을 지휘하는 사울 왕의 입장에서 보면 낙심되고 절망할 수밖에 없습니다. 현실적인 문제가 너무나도 크기 때문입니다.

그러나 다윗은 현실의 문제보다 하나님을 더 크게 보았습니다. 하나님을 크게 보자 현실의 문제는 작게 보였고, 작은 문제이기에 두려워할 필요도 없고 걱정과 염려도 되지 않았던 것입니다. 하나님을 크게 본 다윗은 현실의 문제에 좌절하고 있는 사울 왕에게 이렇게 말합니다.

> 다윗이 사울에게 말하되 그로 말미암아 사람이 낙담하지 말 것이라 주의 종이 가서 저 블레셋 사람과 싸우리이다 하니 삼상 17:32.

사람은 무엇을 크게 보느냐가 중요합니다. 다윗은 언제나 현실의 문제보다 하나님을 크게 보았습니다. 우리는 살면서 수많은 문제를 가지고 살아갑니다. 문제가 없는 사람은 없습니다. 그러나 무엇을 크게 보느냐에 따라 문제를 대하는 마음가짐이 달라집니다. 인간은 누구나 태어나서 수많은 문제를 가지고 살다가 죽음이라는 종착역을 향해 갑니다. 그런데 죽음이 얼마 남지 않았다는 것을 느끼게 되면 지금까지 내게 찾아오는 모든 문제들이 작게 보입니다. 왜냐하면 삶에서 가장 큰 문제는 죽음이기 때문입니다.

똑같은 현실인데 다윗은 현실의 문제보다 하나님을 크게 보았고, 결국 인생의 대반전을 이룰 수가 있었습니다. 그러나 반대로 사울 왕은 하나님보다 현실의 문제를 더 크게 봤습니다. 그래서 싸우겠다고 나가는 다윗을 말립니다.

> 사울이 다윗에게 이르되 네가 가서 저 블레셋 사람과 싸울 수 없으리니 너는 소년이요 그는 어려서부터 용사임이니라 삼상 17:33.

믿음은 하나님을 크게 보고 크게 믿는 것입니다. 기적에는 반드시 믿음이 수반됩니다. 기적은 믿음을 통하여 일어납니다. 예수님이 베푸셨던 성경의 수많은 기적적인 사건들을 보면 공통적으로 요구하시는 한 가지를 발견하게 됩니다. 바로 믿음입니다. 예수님은 "믿음대로 될지어다"라고 말씀하시며 기적을 베푸셨습니다.

마가복음 10장에 한 사람이 소개되는데, 그는 바로 바디매오입니다. 바디매오는 시각장애인이었고 걸인이었습니다. 앞을 보지 못하니까 일을 할 수 없었고 그래서 남에게 구걸하며 생활할 수밖에 없습니다.

시각장애인은 앞을 못 보는 대신 청각이 매우 발달되어 있다고 합니다. 어느 날부터 바디매오가 구걸을 하고 있을 때면 사람들이 지나가며 예수님에 관한 이야기를 합니다. 예수님의 이야기를 들으면 들을수록 놀랍게도 바디매오의 마음속에 소망이 생겨나기 시작했습니다. 마음속의 걱정이 사라지고 염려가 떠나갔습니다. 예수님에 관한 이야기를 들을 때마다 예수님을 사모하게 되었고 예수님을 만나고 싶은 마음이 들었습니다.

그러던 어느 날 많은 사람들이 몰려왔습니다. 바디매오가 그렇게 사모하던 예수님이 마을에 오신다는 소리가 들렸습니다. 바디매오는 어느 순간 예수님께서 자기 앞을 지나가는 것을 감지하고 벌떡 일어났습니다. 그리고 예수님을 향해 부르짖습니다. "다윗의 자손 예수여 나를 불쌍히 여기소서"막 10:47. 예수님의 주변에 있던 제자들은 조용히 하라고 말하며 바디매오를 꾸짖었습니다. 그러자 바디매오는 더욱 크게 소리 질러 주님을 찾았습니다. 예수님은 그 소리를 듣고 바디매오를 만나 말씀하십니다. "네게 무엇을 하여 주기를 원하느냐?" 바디매오는 기다렸다는 듯 이야기했습니다. "선생님이여 보기를 원하나이다"막 10:51.

시각장애인의 눈이 떠진다는 것은 불가능한 일입니다. 더구나 2,000년 전의 시각장애인의 눈이 떠질 리가 만무했습니다. 그러나 예수님은 바디매오의 이야기를 듣고 말씀하십니다. "가라 네 믿음이 너를 구원하였느니라"막 10:52. 그때 놀라운 기적이 생겼습니다. 예수님의 말씀이 떨어지자마자 바디매오의 눈이 떠진 것입니다. 바디매오는 자기 앞에 찾아온 삶의 문제보다 주님을 크게 보았기 때문에 하나님의 기적을 체험하게 되었습니다. 그러나 문제를 크게 보면 그때부터 찾아오는 것은 걱정, 근심, 염려입니다.

큰 고기를 낚기 위해서는 오랜 시간을 기다려야 합니다. 낚싯대를 던져 놓고 기다리다 보면 낚시꾼의 시선이 고정되는 곳이 있습니다. 바로 '찌'입니다. 찌는 물속에 들어가 있는 낚싯바늘에서 보내는 신호를 감지해줍니다. 오랜 시간 동안 찌만 바라보다가 신호가 오면 낚싯대를 재빠르게 낚아챕니다. 그러면 요동치는 물고기로 인해 손이 떨려옵니다. 낚시꾼들은 이때 전달되어 오는 손맛 때문에 낚시를 한다고 합니다. 전문가들은 고기가 입질하는 소리도 알고 미끼를 무는 소리도 알아챌 수 있다고 합니다. 그래서 오랜 시간 찌를 바라보다 보면 찌가 크게 보인다고 합니다. 다른 건 안 보이고 찌만 보이는 것입니다.

이처럼 무엇을 바라보느냐는 참 중요합니다. 하나님만 바라보면 하나님이 크게 보이고 현실의 문제만 바라보면 현실의 문제만 크게 보입니다.

마가복음 5장에서는 12년 동안 혈루증을 앓은 여인을 소개하고 있습니다. 이 여인은 병을 앓은 12년 동안 오직 병원과 의사만 바라봤습니다. 여인은 이 병원 저 병원, 이 의사 저 의사, 용하다는 곳을 다 쫓아다녔지만, 질병이 고쳐지지 않았습니다.

> 열두 해를 혈루증으로 앓아 온 한 여자가 있어 많은 의사에게 많은 괴로움을 받았고 가진 것도 다 허비하였으되 아무 효험이 없고 도리어 더 중하였던 차에 막 5:25-26.

여인에게는 더 이상 희망이 없었습니다. 그러던 어느 날, 사람들이 예수님에 관한 이야기를 하는 것을 듣게 되었습니다. 여인은 예수님에 관한 이야기를 듣는 순간 무언가 희망이 생기며, 마음속에 예수님이 커지기 시작합니다.

그러던 어느 날 마을 앞에 예수님이 지나간다는 소식을 듣게 되자 여인이 예수님 앞으로 나아갑니다. 수많은 사람들의 행렬이 그녀를 가로막고 있었지만 이 여인의 생각은 하나였습니다. '나는 지나가는 주님의 옷자락 끝만 만져도 나을 것이다.'

예수님이 얼마나 크게 보였으면 '주님의 저 옷자락 끝만 만져도 낫겠다'고 고백할 수 있었을까요?

> 이는 내가 그의 옷에만 손을 대어도 구원을 받으리라 생각함일러라 이에 그의 혈루 근원이 곧 마르매 병이 나은 줄을 몸에 깨달으니라 막 5:28-29.

여인은 이전까지 다른 것을 크게 봤습니다. 그러나 예수님을 크게 보기 시작하자 예수님을 통한 새로운 기적의 역사가 일어나게 되었습니다.

세상을 살다 보면 누구나 문제를 겪게 됩니다. 그러나 문제보다 문제를 풀어가시는 하나님을 크게 보아야 합니다. 무엇을 크게 보고 인지하느냐에 따라서 그 다음의 생각과 일의 순서가 달라집니다. 다윗은 하나님을 크게 보았기 때문에 모든 일을 하나님의 능력으로 접근하게 되었습니다.

체험을 소중하게 여기라

자신이 몸소 겪은 것을 체험이라고 말합니다. 사울 왕은 삶에서 체험한 대로 다윗에게 "너는 소년이다. 그러므로 싸울 수 없다. 골리앗과 상대가 안 된다"라고 말합니다. 하지만 다윗은 사울의 말에 "내가 들에서 양을 칠 때 사자나 곰이 나타나면 하나님이 나와 함께했어요. 그래서 사자도 물리치고 곰도 물리쳤어요. 그래서 나는 약하지만 하나님이 함께함으로 저 골리앗도 이길 줄 믿습니다"라고 대답합니다. 다윗은 자기가 지금까지 체험한 것을 이야기합니다.

> 다윗이 사울에게 말하되 주의 종이 아버지의 양을 지킬 때에 사자나 곰이 와서 양 떼에서 새끼를 물어가면 내가 따라가서 그것을 치고 그 입에서 새끼를 건져내었고 그것이 일어나 나를 해하고자 하면 내가 그 수염을 잡고 그것을 쳐죽였나이다 삼상 17:34-35.

신앙은 이론이나 논리가 아닌 체험입니다. 내가 만난 하나님, 나와 함께하신 하나님, 내 기도에 응답하신 하나님, 내 삶 속에 함께하셨던 하나님을 체험하는 능력이 신앙의 힘입니다.

바울은 대표적인 체험 신앙인입니다. 바울의 원래 이름은 사울이었습니다. 사울은 본래 헬라 철학에 능한 사람이었습니다. 철학은 분석적이고 사고적이기에 비이성적으로 느껴지는 영성의 세계를 믿지 않습니다. 또한 사울은 로마의 시민권자로 예수를 믿는 사람들을 옥에 가두는 사람이었습니다. 사울은 초대교회 시대에 유대인들이 스데반 집사를 돌로 쳐서 죽이는 데 가담하기도 했습니다.

> 그들이 돌로 스데반을 치니 스데반이 부르짖어 이르되 주 예수여 내 영혼을 받으시옵소서 하고 무릎을 꿇고 크게 불러 이르되 주여 이 죄를 그들에게 돌리지 마옵소서 이 말을 하고 자니라 행 7:59-60.

'자니라'는 말은 스데반 집사가 죽었다는 뜻입니다. 사울은 그가 죽는 것이 당연하다고 생각했습니다. 그래서 사도행전 8장 1절은 "사울은 그가 죽임 당함을 마땅히 여기더라"라고 기록하고 있습니다.

어느 날 사울은 예수 믿는 자들을 잡아 옥에 가두러 가다가 다메섹 도상에서 갑자기 하늘로부터 강한 빛을 보게 되어 눈이 멀었습니다. 그때 하늘에서 음성이 들려왔습니다. "사울아 사울아 네가 나를 왜 핍박하느냐." 그때 사울은 극적으로 예수님을 만나게 됩니다. 이 체험을 계기로 사울은 예수의 복음을 전하는 전도자가 됩니다. 있을 수 없는 일이 생겼습니다. 모든 로마와 유대인들이 깜짝 놀랐습니다. 어떻게 사람이 그렇게 할 수 있느냐는 것입니다.

> 사울이 다메섹에 있는 제자들과 함께 며칠 있을새 즉시로 각 회당에서 예수가 하나님의 아들이심을 전파하니 사울은 힘을 더 얻어 예수를 그리스도라 증언하여 다메섹에 사는 유대인들을 당혹하게 하니라 행 9:19-20, 22.

사울이 변하게 된 것은 어떤 이론이나 논리가 아닙니다. 예수 그리스도를 만나는 직접적인 체험입니다. 우리도 신앙생활을 하면서 삶 속에서 많은 체험을 경험하게 되는데 그 체험을 잘 붙들어야 합니다.

당신은 지금까지 인생을 살아오면서 힘들고 어려울 때 하나님 앞에 얼마나 기도했습니까? 하나님은 기도마다 응답하시고, 삶의 문제를 풀어주시고, 새로운 방향을 주시고, 좋은 길로 인도해주십니다. 오늘 당신의 삶에 문제가 있다고 할지라도 하나님을 굳게 믿으십시오. 그리고 지금까지 하나님이 인도하셨던 체험들을 붙드십시오. 새로운 길이 당신에게 열릴 것입니다.

다윗은 말합니다. "내가 양을 칠 때에 사자나 곰이 나타나면 하나님의 능력으로 이겼습니다. 그러므로 이 골리앗도 하나님의 능력으로 이길 줄 믿습니다." 하나님을 크게 보시기 바랍니다. 좌절하고 절망할 이유가 없습니다. 지금까지 인도하신 하나님은 그 체험 속에서도 당신을 또 인도해주실 것입니다.

믿음의 자화상을 명확히 하라

자화상은 자기 자신을 그리는 초상화를 의미하며, 초상화는 사진이나 실물을 보고 그대로 그리는 것을 뜻합니다. 다윗은 믿음의 자화상이 분명했습니다. 다윗은 지금까지 다윗을 인도하신 하나님을 굳게 믿었고, 그 하나님을 체험했습니다. 그렇기 때문에 다윗은 미래에 관한 믿음의 그림을 그릴 수 있었습니다.

다윗이 자기 마음속에 자화상을 그리면서 실망하고 절망한 사울 왕에게 말합니다. "왕이여, 하나님이 지금까지 나와 함께하셨기 때문에 지금 이 순간에도 나와 함께하셔서 저 골리앗을 이길 줄 믿습니다."

사람의 말은 마음속의 생각에서 나옵니다. 가끔 말을 뱉어놓고 "내 본심은 그게 아니야"라고 말하는 사람이 있습니다. 그러나 실상을 보면 이는 없던 말이 아니라 그 사람이 마음속에 품고 있던 말이 무의식 중에 내뱉어진 것입니다.

다윗은 마음에 품었던 것을 입술로 고백하고 있습니다. "내가 양을 칠 때 사자나 곰을 나는 이길 수 없지만 하나님이 도와주셔서 이겼습니다. 그러므로 이 골리앗도 나는 이길 줄 믿습니다." 그러자 사울이 말합니다.

> 사울이 다윗에게 이르되 가라 여호와께서 너와 함께 계시기를 원하노라
> 삼상 17:37b.

마음속에 어떤 자화상을 그리느냐는 매우 중요합니다. 사람은 자신의 마음속에 그린대로 행하기 때문입니다. 희망의 그림을 그리면 그 희망대로 이루어집니다. 절망의 그림을 그리면 그 사람은 벌써 절망을 향해 가고 있습니다. 그래서 자화상에 따라서 언어도 판단도 행동도 다르게 나타나는 것입니다.

화가들은 그림을 그릴 때에 먼저 스케치를 합니다. 내 마음속에 겨울을 스케치 했다면 그 그림에는 푸르고, 밝은 색감을 칠하지 않습니다. 스케치부터 벌써 겨울이 느껴집니다. 싸늘한 느낌에 맞는 색깔을 칠합니다. 그런데 스케치에서 봄의 기운이 느껴지도록 꽃이 피고 잎이 난 것을 그렸다면 물감을 선택하는 것부터 달라집니다. 그래서 사람은 자기 마음의 자화상을 어떻게 하느냐가 중요합니다.

심리학 용어 가운데 오버씽킹Overthingking이라는 용어가 있습니다. 생각을 너무 오버해서 한다는 말로, 부정적인 생각이 꼬리에 꼬리를 물고 계속해서 커지는 현상을 말합니다. 부정적인 생각은 하면 또 다른 부정적인 마음이 생깁니다. 또 생기고 또 생깁니다. 부정적인 생각의 끝은 무엇일까요? 죽음입니다. 오버씽킹이 심해지면 "나는 못해. 나는 할 수 없어. 나는 어쩔 수 없나봐. 해봐도 안돼"라며 스스로 자멸해버리고 맙니다. 그런데 이 오버씽킹은 너무 쉽게 전염됩니다. 작은 몸짓에도, 작은 표정에도 전염성이 너무 강합니다.

내일의 희망을 얻으려면 자기 머리 속에서 오버씽킹하지 말라고 합니다. 이 부정적인 생각으로 가득한 오버씽킹에서 벗어나서 하나님이 함께하시는 믿음의 자화상을 그릴 때 하나님은 그 여정에 동행하실 것입니다.

성경 전체를 보면 하나님은 오버씽킹이 많은 사람과는 절대 일하지 않으셨습니다. 하나님은 부정과 절망을 넘고 현실을 넘어서 하나님을 크게 보고 하나님의 체험을 귀중하게 여기고, 믿음으로 자화상을 그리는 자와 함께하셨습니다.

블레셋과의 싸움은 왕도 해결하지 못했습니다. 그러나 다윗은 하나님을 크게 보았습니다. 믿음의 자화상을 그리고, 하나님과의 체험을 소중히 여겼습니다. 그 결과 하나님이 함께하셔서 골리앗을 이길 수 있었습니다.

> 다윗이 이같이 물매와 돌로 블레셋 사람을 이기고 그를 쳐죽였으나 자기 손에는 칼이 없었더라 삼상 17:50.

골리앗은 칼을 들고 나왔지만 다윗의 손에는 칼이 없었습니다. 성경은 그럼에도 다윗이 골리앗을 이겼다고 말씀합니다. 하나님은 믿음의 자화상을 가진 자와 함께하십니다. 이 믿음의 자화상은 사람에게 열정과 열심을 갖게 하고, 더 큰 꿈을 향하여 도전하게 만듭니다.

사람은 좋은 생각을 하면 몸에서 좋은 물질이 나옵니다. 나쁜 마음을 먹으면 나쁜 물질이 나옵니다. 마음 상태를 긍정적으로 만드는 세로토닌serotonin이라는 물질이 있습니다. 세로토닌은 정신의학에서 잘 알려진 치료제 중 하나로 우울증, 강박증, 중독, 폭력성, 공황장애, 수면장애 등의 정신질환을 치료할 때 반드시 들어가는 성분입니다.

우리 뇌에는 50여 종의 신경을 전달하는 신경세포 주머니가 있습니다. 그런데 우리가 어떤 자화상을 가지느냐에 따라서 신경세포에서 터져 나오는 물질이 다르다고 합니다. 희망과 꿈과 긍정을 가지면 세로토닌이 분출되고 반대로 포기와 절망과 좌절을 하면 마음을 악하게 하는 것들이 뇌에서 많이 방출된다고 합니다.

이런 글이 있습니다. '공포가 내게 찾아왔을 때 믿음으로 나가보니 아무것도 없더라. 공포가 찾아왔을 때 두려움으로 나가보니 공포에게 사로잡혀 먹히고 말더라. 공포가 아무리 무서워도 믿음 앞에서는 물러가더라.'

불이 아무리 무서워도 물 앞에서는 꼼짝 못하듯 환난과 공포가 올 때 하나님 안에서 믿음의 자화상을 가지고 나가면 승리할 수 있습니다.

헨리 포셋Henry Fawcett이라는 영국 사람이 있었습니다. 이 사람은 세계 장애인 인물사라는 책에도 기록된 사람입니다. 헨리는 스무 살 때 아버지와 함께 사냥을 갔다가 아버지가 실수로 쏜 총에 맞아 실명하고 삶의 모든 희망을 잃어버렸습니다. 아들을 실명하게 만들고 아들의 인생을 망쳤다고 생각하는 아버지의 자책감은 그 가정을 더욱 우울하게 만들었습니다.

그러던 어느 날 헨리에게 하나님이 함께하신다는 확신이 생기기 시작합니다. 헨리는 '이래선 안 되겠다'라고 마음을 먹고 그 절망에서 일어나서 점자를 배우기 시작합니다. 자신에게 찾아온 실명을 딛고 일어서기 위한 노력을 시작한 것입니다. 하나님 안에서 꿈을 꾸기 시작했습니다. 실명이라는 엄청난 인생의 시련을 맞았지만 그는 새로운 자화상을 그리고 꿈을 꾸면서 영국 역사상 첫 시각장애인 국회의원이 되었습니다.

오늘 우리의 삶 속에도 수많은 문제가 있을 수 있습니다. 하지만 어떤 문제가 온다 할지라도 문제보다 더 크신 하나님을 보아야 합니다. 그리고 지금까지 인도하신 하나님의 체험을 소중히 붙드시기 바랍니다. 믿음의 자화상을 그리십시오. 다윗의 승리가 당신에게도 나타날 것입니다.

다윗이 골리앗을 향하여 걸었던 믿음의 발걸음이 오늘 여러분에게도 임하기를 소망합니다. 그래서 어떠한 환경적 문제 앞에서도 굴하지 않고 믿음으로 한 걸음을 내딛었던 다윗처럼 더 큰 믿음의 도전으로 승리하시기를 소망합니다.

02
영적인 그림

블레셋 사람이 방패 든 사람을 앞세우고 다윗에게로 점점 가까이 나아가니라 그 블레셋 사람이 둘러보다가 다윗을 보고 업신여기니 이는 그가 젊고 붉고 용모가 아름다움이라 블레셋 사람이 다윗에게 이르되 네가 나를 개로 여기고 막대기를 가지고 내게 나아왔느냐 하고 그의 신들의 이름으로 다윗을 저주하고 그 블레셋 사람이 또 다윗에게 이르되 내게로 오라 내가 네 살을 공중의 새들과 들짐승들에게 주리라 하는지라 다윗이 블레셋 사람에게 이르되 너는 칼과 창과 단창으로 내게 나아 오거니와 나는 만군의 여호와의 이름 곧 네가 모욕하는 이스라엘 군대의 하나님의 이름으로 네게 나아가노라 오늘 여호와께서 너를 내 손에 넘기시리니 내가 너를 쳐서 네 목을 베고 블레셋 군대의 시체를 오늘 공중의 새와 땅의 들짐승에게 주어 온 땅으로 이스라엘에 하나님이 계신 줄 알게 하겠고 또 여호와의 구원하심이 칼과 창에 있지 아니함을 이 무리에게 알게 하리라 전쟁은 여호와께 속한 것인즉 그가 너희를 우리 손에 넘기시리라 블레셋 사람이 일어나 다윗에게로 마주 가까이 올 때에 다윗이 블레셋 사람을 향하여 빨리 달리며 손을 주머니에 넣어 돌을 가지고 물매로 던져 블레셋 사람의 이마를 치매 돌이 그의 이마에 박히니 땅에 엎드러지니라 삼상 17:41-49

02 영적인 그림

미국의 한 노인이 식당 사업을 하다가 실패해서 좌절에 빠졌습니다. 자신을 돌아보니 나이도 많고 여러 가지 학문적인 지식도 없다는 걸 깨달으면서 깊은 절망에 빠졌습니다. 자연히 현실 앞에서 자신의 부족한 점만 보였습니다. 마음속에 밀려오는 것은 그저 절망감과 실망감뿐이었습니다. 더 암울한 것은 병에 걸려서 병실에 입원해 있는 자신의 모습을 바라보는 것이었습니다.

그러던 어느 날, 새벽에 그 병실 문틈으로 희미한 노랫소리가 들려왔습니다. 누군가가 기쁘게 찬송을 부르는 소리였습니다. "주 너를 지키리. 아무 때나 어디서나 주 너를 지키리. 늘 지켜 주시리." 실의와 절망 속에 있던 노인은 찬송에 위로를 얻어 병실 문을 열어 보았습니다. 이른 아침 청소부가 청소를 하면서 찬양을 하고 있는 것이었습니다. 그런데 그 청소부는 한쪽 다리가 없는 장애인이었습니다. 다리가 없는 쪽엔 목발을 짚고 찬송을 하며 청소를 하고 있었습니다.

그 모습을 바라본 노인은 마음이 뭉클해 청소부에게 다가갔습니다. 그리고 나지막하게 말을 걸었습니다. "아니 당신은 이렇게 한쪽 다리가 없어서 목발을 짚으면서도 어떻게 그렇게 기쁘게 찬송을 부를 수 있습니까?" 청소부가 대답했습니다. "예, 어르신. 저는 지난밤도 평안하게 잤고요. 오늘 아침에도 눈을 뜨니까 얼마나 건강하고 상쾌한지 몰라요. 나에게는 비록 한쪽 다리가 없지만 다른 한쪽 다리가 있잖아요. 그 다리로 목발을 짚으면서 내가 아침에 꿈과 희망을 가지고, 하나님께서 함께하심으로 건강하게 청소를 하고 있으니까 얼마나 좋은지 몰라요. 제 입에서는 주님께서 나를 지켜주시는 찬송이 저절로 나와요." 청소부의 말을 듣고 있던 노인은 멍하니 청소부를 쳐다보았습니다. 청소부는 노인에게 복음을 증거했습니다.

노인은 복음을 받아들이게 되었고 퇴원 후에 교회를 찾아가서 하나님 앞에 간절히 기도했습니다. '하나님, 저는 나이도 많습니다. 제가 이 나이에 무엇을 할 수 있습니까?'라고 자신의 절망적인 상황을 놓고 기도하는데, 이상하게 기도 중에 닭들이 하늘을 날아가는 환상을 보게 되었습니다. 며칠이 지나도 기도만 하면 닭이 날아다녔습니다. 노인은 이게 무슨 뜻일까 생각하며 지내다가 우연찮게 닭을 기름에 튀겨서 사람들에게 나눠주게 됩니다. 당시에 사람들은 닭을 기름에 튀겨서 먹는다는 생각을 하지 못했습니다. 그런데 의외로 사람들의 반응이 너무 좋았습니다.

노인은 켄터키 주에 있는 자신의 집에 닭튀김 가게를 열었습니다. 점점 소문이 나고 인기를 얻어서 닭튀김이 날개 돋힌 듯이 팔리기 시작했습니다. 미국 전역과 캐나다까지 매장이 생기게 되었고, 마침내 세계적인 브랜드가 됩니다. 그 노인이 바로 켄터키 후라이드치킨KFC의 창업주인 커넬 할랜드 샌더스Colonel H. Sanders입니다.

샌더스는 기도 중에 하나님께서 주신 영적인 그림을 생각하면서 하나님의 위대한, 아름다운 기도의 업적을 이뤄낸 사람 중 한 명입니다. 그리고 하나님이 주신 새로운 희망으로 성공을 거둔 사람입니다. 만약에 샌더스가 자신은 노인이며 사업의 실패자라는 생각에 계속 머물러 있었다면, 그의 남은 인생은 그저 실패한 삶으로 끝나버리고 말았을 것입니다. 그러나 샌더스는 하나님이 주신 새로운 꿈을 꾸게 되면서 새로운 영적인 그림을 그리기 시작했습니다. 샌더스가 그린 그 영적인 그림은 큰 승리의 결과로 나타나게 되었습니다.

다윗도 영적인 그림을 그리고 있습니다. 다윗에게 찾아온 현실의 문제는 굉장히 절망적이었습니다. 지금 다윗이 서 있는 곳은 이스라엘과 블레셋의 전쟁터였습니다. 블레셋에는 골리앗이라는 큰 장수가 있었고, 이스라엘의 모든 장수는 골리앗과 싸워서 이길 수 없다며 절망하고 있었습니다. 이스라엘은 전쟁의 패배를 목전에 둔 상태였습니다.

다윗은 문제보다 하나님을 크게 보았습니다. 그리고 자신을 지금까지 인도하신 영적 체험을 토대로 믿음의 자화상을 그리기 시작했습니다. 다윗은 마음속에 전쟁의 승리를 그렸습니다. 당시 상황은 골리앗이라는 강한 장수 때문에 블레셋과의 전쟁에서 이스라엘이 패배할 수밖에 없었습니다. 그런데 믿음의 다윗은 블레셋의 거인 골리앗을 이길 수 있다고 자신 있게 선포하면서 영적인 그림을 그리기 시작합니다. 마음에 골리앗을 쓰러뜨리고 목을 잘라서 돌아가겠다는 그림을 그립니다.

다윗은 그림 안에 자신을 크게 그리고 골리앗은 작게 그립니다. 현실은 정반대의 상황이었지만 믿음으로 반대의 그림을 그린 것입니다. 사람에게 있는 마음은 생명력이 있어 성장하기 때문에 생각하는 것에 따라서 거인 같은 마음을 가질 수도 있고 소인 같은 마음을 가질 수도 있습니다. 생각은 영적인 그림을 그리는 도화지와 같습니다. 이 도화지에 어떤 그림을 그리느냐가 중요합니다. 다윗은 불가능이란 현실에서도 누구나 풀 수 없는 절망의 문제 앞에서도 새로운 영적인 그림을 그렸고 승리하였습니다. 그러면 다윗은 어떤 영적인 그림을 그렸을까요?

영적인 그림을 그리기 위한 준비

모든 사람이 여행을 가기 전에 준비물을 챙깁니다. 여정이 길면 길수록 준비할 것들이 많아집니다. 준비된 것들을 하나하나 꼼꼼히 따져보아야 합니다. 준비물이 잘 갖춰져 있으면 여행하는데 걱정할 것이 하나도 없습니다. 왜냐하면 준비한 것을 그대로 사용하면 되기 때문입니다.

다윗은 지금 닥쳐온 현실 앞에서 가장 두려워할 수밖에 없는 상황임에도 불구하고 두려워하지 않았습니다. 잘 준비된 사람이었기 때문입니다. 당시 블레셋과의 전쟁은 이스라엘의 왕도, 장수도 두려워서 도망갈 수밖에 없는 상황이었습니다 삼상 17:24.

그냥 두려워한 정도가 아니라 심히 두려워했습니다. 이스라엘의 모든 사람들이 두려워했습니다. 다윗에게는 더 심각하고 공포스러운 상황이었을 것입니다. 다윗이 골리앗과 싸우려고 골리앗 앞에 섰을 때 거대한 골리앗은 다윗을 죽이겠다며 성큼성큼 다가오고 있었기 때문입니다.

다윗은 죽을 수도 있기 때문에 두려울 수밖에 없는 상황에 있었습니다. 더욱이 앞에는 골리앗 혼자 오는 것이 아니라 방패 든 군인들이 골리앗을 호위하며 함께 오고 있었습니다삼상 17:41. 블레셋의 군인들이 점점 더 가까이 오고 있었습니다. 그들이 한 걸음 한 걸음 올 때마다 다윗에게는 죽음이 다가오는 상황이었습니다.

그러나 다윗은 두려워하지 않았습니다. 왜 그럴까요? 다윗은 훈련으로 철저하게 준비되었기에 사울 왕이 골리앗과 싸울 수 없다고 말렸음에도 불구하고 "할 수 있다"라고 자신 있게 말할 수 있었습니다.

사울은 다윗에게 "너는 소년이고 그는 어려서부터 용사니 네가 저 블레셋 사람과 싸울 수 없다"라고 말했습니다. 이 말을 들은 다윗은 사울에게 자기를 두 가지로 소개합니다. 그 내용을 보면 다윗이 얼마나 준비된 사람이었는지 알 수 있습니다.

영적인 훈련을 받은 사람

다윗은 주님의 종이라는 영적인 훈련을 철저하게 받은 사람이었습니다. 다윗은 자기를 소개할 때 '주의 종'이라는 단어를 사용합니다삼상 17:34.

종은 '에보드'라는 단어로 '노예'라는 뜻입니다. 다윗은 자신을 하나님의 종이라고 소개합니다. 곧, 자신의 주인은 하나님이라고 선포합니다. 다윗이 골리앗과 싸우지만 자신은 종에 불과하기 때문에 다윗 속에 주인되시는 하나님이 함께 계시다는 것을 고백하는 것입니다.

다윗은 믿음의 영적 훈련이 철저하게 되어 있었기 때문에 죽음이 몇 발짝 앞에 있을지라도 절대로 두려워하지 않았습니다. 전능하신 하나님이 함께하심을 믿었기 때문에 두려워하지 않았던 것입니다.

철저한 훈련으로 준비된 사람

목동이 양을 치다 보면 사자나 곰이 나타날 때가 있습니다. 양을 지키려면 사나운 짐승을 쫓아내야 합니다. 다윗은 자신이 얼마나 목동 일을 잘했는지 짐승이 나타나면 따라가서 치고 물리쳤다고 말합니다삼상 17:35.

사람이 짐승을 쫓아간다는 것은 보통 어려운 일이 아닙니다. 사자나 곰이 지금 내 앞에 나타났다고 상상해 보시기 바랍니다. 짐승이 다윗이 돌보는 양의 무리 앞에 왔습니다. 짐승은 새끼 양을 물고 갑니다. 사자나 곰이 다윗에게 들켜서 도망가야 하는 상황이 되었다면 그 짐승은 전력을 다해 뛰어 도망갈 것입니다. 그런 짐승을 쫓았다는 것은 다윗이 평소에 철저한 훈련으로 준비를 했다는 것을 알 수 있습니다.

운동 선수들 중에서도 훈련을 많이 한 선수는 어떠한 시합에 나가도 이길 수 있다는 자신감이 있습니다. 반대로 훈련이 덜 된 선수는 시합을 두려워할 수밖에 없습니다. 다윗은 영적으로 철저하게 준비된 사람이었고 철저하게 훈련된 사람이었습니다. 그렇기 때문에 다윗은 두려울 게 없었습니다.

오늘 우리도 신앙의 삶을 살아갈 때 영적인 훈련이 필요합니다. 어떤 상황에서도 하나님이 나와 함께할 것이라는 삶의 훈련이 필요합니다. 신앙생활을 하다 자꾸 넘어지는 이유는 무엇일까요? 훈련이 안 되었기 때문입니다. 훈련이 안 되어 있기 때문에 이렇게도 넘어지고 저렇게도 넘어집니다. 군인이 훈련을 잘 받으면 전쟁 때 승리할 수 있는 힘이 됩니다. 어떤 적을 만나도 두려울 것이 없습니다.

우리도 하나님의 새로운 희망과 꿈을 가지려면 영적으로 훈련을 잘 받을 수 있는 믿음이 있어야 하며, 삶에서 어떤 모습이든 자기에게 주어진 훈련을 열심히 받아야 합니다. 하나님은 훈련된 자를 쓰시기 때문입니다.

세계 최초로 비행기를 타고 대서양 횡단에 성공한 사람이 있습니다. 그는 찰스 린드버그Charles Lindbergh입니다. 1727년 5월 20일, 린드버그는 스물다섯 살에 비행기를 타고 뉴욕과 파리를 잇는 북대서양을 착륙하지 않고 횡단하는 데 성공하였습니다. 린드버그는 루즈벨트 공항에서 이륙해서 파리의 르부르제 공항까지 무려 3,600마일을 추락하면 죽을 수밖에 없는 초경량 비행기로 낙하산도 없이 33시간 31분 만에 비행하여 횡단에 성공합니다. 미국 언론은 그의 도전 정신과 용기를 극찬하였습니다.

린드버그가 대서양을 횡단할 수 있었던 이유는 대서양 항로 개척을 위해 비행 훈련을 게을리하지 않았기 때문입니다. 린드버그는 초경량 비행기를 제작하기 위해서 항공사를 방문했고, 그때마다 함께 비행기를 탄 친구와 호텔에서 묵었습니다. 하루는 동료인 새뮤얼이 먼저 잠자리에 들었다가 잠에서 깨어났습니다. 시계를 보니 자정을 훨씬 넘은 시간이었습니다. 그런데 린드버그는 창가에 앉아서 하늘을 바라보고 있었습니다. 그의 피곤한 일정을 동료인 새뮤얼도 잘 알고 있었기에 그에게 왜 자지 않느냐고 물었습니다. 그러자 린드버그가 이렇게 대답했습니다. "내가 해야 할 비행은 잠을 자면 안 되는 비행이야. 그래서 난 지금도 잠을 안 자는 훈련을 하고 있어." 린드버그의 대서양 횡단은 작은 훈련에서부터 시작되어 33시간 31분이라는 누구도 도전할 수 없는 비행에 성공할 수 있었던 것입니다.

하나님은 훈련된 자를 통해 일하십니다. 우리는 훈련을 통해서 한 계단, 한 계단 위대한 하나님의 일꾼으로 세워져야 합니다.

다윗은 "하나님이 나와 함께하실 것이다"라고 생각하며 영적 훈련을 했습니다. 그리고 어떤 것이라도 능히 감당할 수 있도록 삶에 주어진 환경에서 항상 최선의 훈련을 준비했습니다.

당신도 새로운 영적인 그림을 그리기 원한다면 하나님이 함께하실 수 있도록 영적인 준비를 하기 바랍니다. 우리 삶에 어떤 것이 주어질지라도 최선의 준비를 함으로 새로운 하나님의 영적 그림이 당신의 삶에 나타날 수 있도록 해야 합니다.

다른 사람의 말에 무너지지 않는 사람

다윗은 타인의 말에 무너지지 않았습니다. 다윗의 귀에는 여러 사람의 이야기가 들려왔습니다. 하지만 들려오는 이야기들 중 다윗에게 힘을 주는 이야기는 하나도 없었습니다.

첫 번째는 큰형 엘리압의 말입니다. 다윗은 전쟁 중에 있는 형들의 안부를 물어서 아버지에게 전해주려고 이 전쟁터에 온 것이었습니다. 그런데 엘리압은 동생 다윗에게 화를 내며 절망적인 말을 쏟아냈습니다. 다윗에게 가장 큰 격려와 힘이 되어 주어야 할 큰형이 오히려 다윗에게 화를 내면서 힘을 잃게 만드는 말만 합니다.

> 큰형 엘리압이 다윗이 사람들에게 하는 말을 들은지라 그가 다윗에게 노를 발하여 이르되 네가 어찌하여 이리로 내려왔느냐 들에 있는 양들을 누구에게 맡겼느냐 나는 네 교만과 네 마음의 완악함을 아노니 네가 전쟁을 구경하러 왔도다 삼상 17:28.

두 번째는 사울 왕의 말입니다. 사울 왕은 "너는 소년이고 골리앗은 장수이기 때문에 싸울 수 없다"라고 말합니다. 참으로 황당한 말입니다. 다윗은 나라를 구하기 위해서 죽음을 무릅쓰고 골리앗 앞으로 나가려고 합니다. 사울은 목숨을 걸고 나가는 사람에게 왕으로서 용기를 주고 힘을 주어야 하는데 오히려 다윗이 골리앗과 싸울 수 없다고 말합니다.

> 사울이 다윗에게 이르되 네가 가서 저 블레셋 사람과 싸울 수 없으리니 너는 소년이요 그는 어려서부터 용사임이니라 삼상 17:33.

세 번째는 골리앗의 말입니다. 다윗은 양치는 소년에 불과했습니다. 갑옷도 입지 않았습니다. 칼과 방패도 없었습니다. 반면 골리앗은 기골이 장대한 용사였습니다. 갑옷과 투구를 다 쓰고 큰 창을 들고 왔습니다. 앞에는 방패를 든 호위병들도 있었습니다. 골리앗은 다윗의 외모를 보고 업신여기며 조롱하고 비웃었습니다.

> 그 블레셋 사람이 둘러보다가 다윗을 보고 업신여기니 이는 그가 젊고 붉고 용모가 아름다움이라 삼상 17:42.

다윗은 자기에게 어떤 소리가 들려와도 내 속의 하나님이 함께하신다는 영적 그림만은 놓치지 않았습니다. 다윗의 위대함은 낙심케 하는 주변의 어떤 말에도 넘어지지 않았다는 것입니다.

믿음생활을 하다 보면 넘어지는 경우가 많이 있습니다. 보통은 다른 사람들의 말 때문에 많이 넘어집니다. 타인은 결코 당신에게 좋은 말을 많이 해주지 않습니다. 오히려 헐뜯으려 하고, 믿음을 흔드는 이야기를 더 많이 합니다. 한마디 말로 남의 마음을 속상하게 하고, 힘들게 하는 경우가 참 많습니다. 또, 상대방을 세워주는 말이 아니라, 가슴을 무너지게 하는 이야기가 우리 주변에 너무나도 많습니다. 중요한 것은 이런 말에 넘어지지 않는 것입니다.

나무가 자라다 보면 바람도 불고 비도 옵니다. 중요한 것은 이럴 때일수록 뿌리를 깊이 내려야 한다는 것입니다. 나무가 뿌리를 내리지 못하면 바람에 넘어져 말라 죽고 맙니다. 뿌리가 깊어야 환경에 흔들리지 않고 꿋꿋이 서 있게 됩니다. 넘어지지 않아야 꽃이 피고 아름다운 열매도 맺을 수 있습니다.

우리 신앙생활도 마찬가지입니다. 우리가 믿음생활을 하다 보면 주변에서 많은 말들이 들려옵니다. 그런데 그런 말들은 용기를 주고 힘을 주는 말보다 마음을 무너지게 하는 말이 많습니다. 하지만 그런 말에 넘어지지 않는 사람이 되어야 합니다.

저에게는 잊혀지지 않는 일이 있습니다. 어떤 성도의 가정에서 예배를 드렸던 심방 때의 일입니다. 예배를 드리고 성도님께서 식사를 대접해주신다고 하셔서 심방대원들과 함께 식당에 갔습니다. 예배를 드린 성도님은 저희를 잘 대접하는 마음으로 값비싼 소고기 등심을 대접해주셨습니다. 그런데 식사 중에 당황스러운 일이 생겼습니다. 함께 갔던 심방대원이 갑자기 "여기 등심이 별로 맛이 없다?"라고 말한 것입니다. 저희를 대접해주신 성도님은 평상시에 자주 먹지는 않지만 목사님과 심방대원들을 좋은 것으로 대접한다고 섬겨주셨는데 맛이 없다고 말을 하는 것이었습니다. 저는 너무 당황했습니다. 그래서 그 상황을 빨리 수습하기 위해서 그 말을 한 심방대원에게 "어디 체하셨어요?"라고 말했습니다. 상대방의 입장은 생각하지 않고 자기 기분으로만 말하는 것은 상대방에게 상처를 줄 때가 많습니다.

당시 다윗은 사람들에게 격려를 받아야 했습니다. 어린 소년이 나라를 구해야겠다고 나가는데 왕과 장군들은 격려를 해줘야 했습니다. 특히 형들이 격려를 해줘야 했습니다. 그러나 사람들은 격려의 말보다 할 수 없다는 말을 많이 합니다.

이런 일들이 오늘 우리에게도 있을 수 있습니다. 우리는 신앙생활을 잘하다가 누군가의 말 한마디에 넘어집니다. 사탄은 우리의 마음을 흔듭니다. 특히 가장 가까운 사람을 통해 우리를 흔듭니다. 하지만 이런 말에 넘어지지 말아야 합니다.

다윗 또한 어느 누가 뭐라하던 절대로 넘어지지 않았습니다. 철저한 준비가 되어 있었기 때문입니다. 하나님은 그런 다윗을 위대한 자로 세워주셨습니다.

분명한 확신을 가진 사람

누가 보아도 다윗이 골리앗을 이기는 것은 불가능한 일이었습니다. 블레셋에는 거인과 같은 골리앗이 선봉에 서 있었고, 이스라엘에는 소년 다윗이 선봉에 서 있었습니다. 다윗이 이길 거라고 생각한 사람은 누구도 없었습니다. 오직 다윗만 이길 수 있다고 말합니다. 하지만 다윗은 자기 힘으로 이긴다고 말하지 않았습니다. 하나님이 함께하시면 이길 수 있다고 말합니다.

> 다윗이 블레셋 사람에게 이르되 너는 칼과 창과 단창으로 내게 나아 오거니와 나는 만군의 여호와의 이름 곧 네가 모욕하는 이스라엘 군대의 하나님의 이름으로 네게 나아가노라 또 여호와의 구원하심이 칼과 창에 있지 아니함을 이 무리에게 알게 하리라 전쟁은 여호와께 속한 것인즉 그가 너희를 우리 손에 넘기시리라 삼상 17:45, 47.

사람은 어떤 환경에서 누구와 함께하느냐가 매우 중요합니다. 스포츠에는 복식 경기가 있습니다. 복식 경기는 혼자가 아니라 둘이서 함께 경기를 합니다. 그래서 개인의 실력도 중요하지만 파트너와의 호흡이 얼마나 잘 맞느냐가 더 중요합니다. 파트너와의 호흡이 잘 맞으면 개인이 가지고 있는 기량보다 월등한 실력을 발휘할 수 있습니다. 그러나 개인 기량은 좋은데 파트너와 호흡이 맞지 않으면 실력을 제대로 발휘할 수 없습니다. 이것이 바로 파트너십 입니다. 우리의 삶 가운데도 파트너십은 매우 중요합니다. 다윗은 하나님이 나와 함께하신다는 파트너십이 분명했습니다. 전능하신 하나님이 함께함으로 승리한다고 고백할 수 있었습니다.

요즘 우리 사회의 이슈 중의 하나는 한강의 『채식주의자』가 세계 3대 문학상으로 꼽히는 맨부커상 Man Booker Prize 을 수상한 것입니다. 영국 최고 권위를 자랑하는 문학상인 맨부커상은 노벨문학상, 프랑스의 공쿠르 문학상과 함께 세계 문학상으로 꼽히며 매년 영어권과 비영어권 작가에게 상을 시상합니다.

그동안 한국의 많은 작가가 노벨문학상을 목표로 도전했지만 번번히 고배를 마셨는데 그 원인은 번역에 있었습니다. 그런데 이 소설은 번역이 탁월했습니다.

이번 상을 통해서 번역의 중요성이 다시 한 번 인식되었습니다. 아무리 원작이 우수해도 번역이 어설프면 작품의 진가가 제대로 발휘되지 못하기 때문입니다. 『채식주의자』도 오랫동안 몇 가지 번역 샘플을 가지고 여러 출판사를 두드렸지만 번번이 거절을 당했다고 합니다. 그런데 데보라 스미스 Deborah Smith 라는 번역가가 이 책을 번역해 출간하면서 큰 상을 받게 되었습니다.

이처럼 좋은 번역가를 만나는 것은 참 중요합니다. 원작자의 뜻과 번역가의 뜻이 일치할 때 그 작품의 진가가 나타나기 때문입니다. 만약 이 소설이 좋은 번역가를 만나지 못했다면 아마도 상을 받기 힘들었을 것입니다. 그래서 맨부커에서는 작가와 함께 번역가도 함께 상을 받습니다.

이처럼 누구와 파트너십을 함께하느냐, 누구를 만나느냐는 참 중요합니다. 첫째는 하나님과 좋은 파트너십을 맺으십시오. 둘째는 사람과 좋은 파트너십을 맺으시기 바랍니다.

신약 시대의 대표적인 영적 거장을 뽑으라면 사도 바울을 얘기할 수 있습니다. 바울 자신은 늘 약했습니다. 그러나 바울에게는 위대한 사명과 사역을 감당할 수 있었던 좋은 파트너십이 있었습니다. 바로 예수 그리스도입니다. 그래서 사도 바울은 고백합니다.

> 내게 능력 주시는 자 안에서 내가 모든 것을 할 수 있느니라 빌 4:13.

나는 약하지만 나와 함께하시는 예수 그리스도를 통해 위대한 일을 해낼 수 있습니다. 영적인 그림을 그리시기 바랍니다. 영적으로 철저히 준비하고 남의 말에 무너지지 않으며 하나님이 어떤 상황에서도 나와 함께하신다는 파트너십을 가지고 영적인 그림을 그려 나가야 합니다.

인생의 그림을 그리십시오. 그러면 영적인 그림이 새롭게 그려질 것입니다. 이 영적인 그림의 승리가 다윗처럼 당신에게도 임할 것입니다.

03

다윗의 대반전

블레셋 사람이 방패 든 사람을 앞세우고 다윗에게로 점점 가까이 나아가니라 그 블레셋 사람이 둘러보다가 다윗을 보고 업신여기니 이는 그가 젊고 붉고 용모가 아름다움이라 블레셋 사람이 다윗에게 이르되 네가 나를 개로 여기고 막대기를 가지고 내게 나아왔느냐 하고 그의 신들의 이름으로 다윗을 저주하고 그 블레셋 사람이 또 다윗에게 이르되 내게로 오라 내가 네 살을 공중의 새들과 들짐승들에게 주리라 하는지라 다윗이 블레셋 사람에게 이르되 너는 칼과 창과 단창으로 내게 나아 오거니와 나는 만군의 여호와의 이름 곧 네가 모욕하는 이스라엘 군대의 하나님의 이름으로 네게 나아가노라 오늘 여호와께서 너를 내 손에 넘기시리니 내가 너를 쳐서 네 목을 베고 블레셋 군대의 시체를 오늘 공중의 새와 땅의 들짐승에게 주어 온 땅으로 이스라엘에 하나님이 계신 줄 알게 하겠고 또 여호와의 구원하심이 칼과 창에 있지 아니함을 이 무리에게 알게 하리라 전쟁은 여호와께 속한 것인즉 그가 너희를 우리 손에 넘기시리라 블레셋 사람이 일어나 다윗에게로 마주 가까이 올 때에 다윗이 블레셋 사람을 향하여 빨리 달리며 손을 주머니에 넣어 돌을 가지고 물매로 던져 블레셋 사람의 이마를 치매 돌이 그의 이마에 박히니 땅에 엎드러지니라 삼상 17:41-49.

03 ― 다윗의 대반전

숫자 가운데 4.5라는 숫자와 5라는 숫자가 있었습니다. 이 5는 4.5를 이유 없이 늘 못살게 괴롭혔습니다. 그러다가 4.5와 5가 크게 싸웠습니다. 과연 누가 이겼을까요? 당연히 0.5가 많은 5가 이겼습니다. 그 후부터 5는 4.5를 계속 괴롭혔고 4.5는 5앞에 서기만 하면 늘 주눅이 들었습니다.

그러던 어느 날 5가 4.5에게 커피를 타오라고 시켰습니다. 평소 같았으면 5의 말이 떨어지기 무섭게 4.5가 달려가서 커피를 타왔을 텐데, 그날따라 4.5가 5앞에서 뻣뻣하게 고개를 들고 서 있었습니다. 순간 옆에 있던 숫자들이 긴장합니다. 난폭한 5가 어떻게 나올지 잘 알았기 때문입니다. 불안을 느낀 2와 3이 얼른 4.5에게 말했습니다. "너 왜 그래?" 그러자 4.5가 웃으면서 당당하게 말합니다. "나 점 뺐어!" 4.5가 점을 빼고 나니 45가 되었습니다. 이제는 더 이상 5한테 굽신거릴 필요가 없었습니다. 완전한 대반전이 일어난 것입니다.

사람들은 누구나 4.5처럼 점 때문에 괴로워하기도 하고 근심하기도 하고 염려하기도 합니다. 그 점 하나 때문에 때로는 삶이 힘들고 고통스러울 때가 있습니다.

어떤 사람에게는 그 점이 건강이 될 수도 있고, 인간관계가 될 수도 있고, 자녀의 문제가 될 수도 있습니다. 때로는 물질이 문제가 되고, 또 어떨 때는 마음의 상처가 문제가 되어서 위축된 삶을 살아갈 때가 있습니다. 그러나 분명한 것은 이 점이 빠지기만 하면 오늘 우리의 삶 속에서도 분명한 대반전이 일어날 수 있다는 사실입니다.

이스라엘과 블레셋이 전쟁을 하게 되었습니다. 블레셋에는 거대한 골리앗이 있기 때문에 이스라엘이 전쟁에 패할 수밖에 없는 상황이 되었습니다. 아주 절망적이었습니다. 성경은 이스라엘 백성들이 골리앗을 보고 심히 두려워하여 도망갔다고 말씀합니다삼상 17:24.

이때, 어린 소년 다윗이 등장해서 하나님의 이름으로 블레셋의 장수인 골리앗을 무찌르는 대반전의 사건이 일어났습니다.

> 다윗이 달려가서 블레셋 사람을 밟고 그의 칼을 그 칼 집에서 빼내어 그 칼로 그를 죽이고 그의 머리를 베니 블레셋 사람들이 자기 용사의 죽음을 보고 도망하는지라 삼상 17:51.

상황이 완전히 역전되었습니다. 블레셋 사람들이 도망하기 시작했습니다. 블레셋의 골리앗 때문에 쫓겨 도망가던 이스라엘 군대는 오히려 블레셋 군대를 쫓게 되었습니다. 전쟁의 패배자가 될 수밖에 없었는데 완전한 승리자가 된 것입니다.

그렇다면 이 기막힌 대반전을 누가 이루었을까요? 이 질문에 다윗은 분명하게 "하나님이 하셨다"라고 말합니다.

다윗에게는 무엇이 있었기에 하나님이 대반전을 이루어주셨을까요?

전적인 신뢰가 있는 사람

다윗은 하나님에 대한 전적인 신뢰가 있었습니다. 하나님의 모든 것을 믿고 신뢰하고 의지했습니다. 다윗에게 찾아온 절망적인 상황 가운데서도 하나님의 능력 앞에 모든 것을 맡기고 의지하는 모습을 하나님이 보신 것입니다.

다윗이 처해 있는 상황은 어떠했습니까? 골리앗이 다윗에게 한발짝 한발짝 다가오고 있었습니다 삼상 17:41. 골리앗이 다가오는 만큼 다윗의 죽음이 가까워졌습니다. 이제 몇 발자국만 더 다가오면 다윗은 골리앗에게 죽음을 맞이할 것이었습니다. 골리앗은 다윗을 향하여 "내게로 오라 내가 네 살을 공중의 새들과 들짐승들에게 주리라"라고 말합니다 삼상 17:44.

여기에서 '살'은 고기를 뜻하는 단어 '빠사르'의 원어입니다. 이 단어는 생물의 근육조직을 나타냅니다. 쉽게 말하면 '너를 곧 죽여 시신으로 만들겠다'는 의미입니다. 그리고 "네 살을 공중의 새들과 들짐승들에게 주리라"는 말은 다윗의 시신을 매장하지 않고 짐승들의 먹이로 주겠다는 뜻입니다.

당시 이스라엘 사람들은 사람이 죽고 나면 매장하지 않고 들짐승들의 먹이로 내어주는 것을 최대의 저주로 여겼습니다. 그러니까 골리앗의 말은 다윗을 죽여서 저주받은 자로 만들어버리겠다는 선전포고였습니다. 보통 사람들은 이 말만 들어도 공포를 느낄 수밖에 없을 것입니다. 다윗과 골리앗의 대결은 결국 한 명이 죽은 후에 시신은 맹수들의 먹이로 던져지는 저주받은 싸움이 되었습니다. 골리앗은 당당하게 외칩니다. "너는 죽음으로 저주받아 끝나버리고 말 것이다."

다윗은 '단 1퍼센트의 희망도 없는 절망적인 상황에서도 하나님을 신뢰하면 과연 상황은 바뀔 수 있는가'라는 질문을 던질 수 있었을 것입니다. 지금 다윗이 선택할 수 있는 것이라고는 골리앗과의 싸움을 포기하고 도망가는 것밖에는 어떠한 대안도 없었습니다.

그러나 이런 어려운 상황에서도 다윗은 하나님을 향한 전적인 신뢰의 믿음을 선포하고 있습니다. 단 1퍼센트의 희망도 없어 보였지만 하나님이 나와 함께하신다는 완전한 신뢰를 잃어버리지 않았습니다. 다윗은 골리앗의 말에 이어서 대답합니다.

> 다윗이 블레셋 사람에게 이르되 너는 칼과 창과 단창으로 내게 나아 오거니와 나는 만군의 여호와의 이름 곧 네가 모욕하는 이스라엘 군대의 하나님의 이름으로 네게 나아가노라 삼상 17:45.

이는 하나님 앞에 온전히 자기를 맡긴다는 다윗의 선포였습니다. 만군의 여호와이신 하나님이 나를 지킬 것이라는 믿음의 고백이었습니다. 다윗은 하나님을 온전히 신뢰했습니다. 그래서 '전쟁에 전능하신 하나님의 이름으로 나아가기 때문에 골리앗의 칼과 창은 능히 이기고도 남을 것'이라는 믿음을 표현할 수 있었습니다. 다윗은 단순히 칼과 창의 싸움이 아닌 하나님이 함께하시는 영적 싸움임을 선포하고 있습니다.

> 나는 너에게 하나님을 신뢰하고 나아가노라 삼상 17:45.

오늘 우리의 신앙을 한번 점검해봅시다. 당신은 하나님을 얼마나 신뢰하십니까? 살 만할 때는 다 하나님을 믿는다고 합니다. 하지만 고난이 다가오고 상황이 내 생각대로 되지 않을 때, 단 1퍼센트의 희망도 없다고 느껴질 때에도 당신은 하나님을 신뢰할 수 있습니까?

하나님은 어떤 상황에서도 전적으로 하나님을 신뢰하는 사람과 함께하십니다. 다윗이 단 1퍼센트의 희망이 없을 때도 하나님을 신뢰했을 때 하나님은 99퍼센트 이상을 다윗과 함께하셨습니다.

신뢰라는 말을 설명할 때 쓰는 예화가 있습니다. 캐나다와 미국의 국경 사이에 나이아가라 폭포가 있습니다. 외줄을 타는 곡예사가 넓은 폭포를 가로질러 밧줄을 묶습니다. 그리고 멀리 떨어진 반대편을 바라보며 외줄을 타기 시작합니다. 이 사람은 세계적인 외줄타기 실력자입니다. 거기에는 수많은 관광객들이 몰려듭니다. 이 사람이 외줄을 타고 왔다 갔다 할 때마다 사람들은 박수를 치며 "역시 당신은 정말 외줄타기만큼은 세계 제일이다"라고 소리쳤습니다.

그래서 몇 번 왔다 갔다 한 다음, 사람들이 박수를 칠 때 외줄타기 곡예사가 "자, 여러분. 제가 이번에는 한 사람을 제 어깨에 무등을 태우고 외줄을 탈 수 있다고 믿습니까?"라고 말했습니다. 사람들은 "당신의 실력이라면 갔다 오고도 남는다. 당신의 실력이라면 한 사람이 아니라 두 사람을 태우고도 건너갔다 올 수 있다"라고 대답합니다.

그러자 외줄타기 곡예사가 다시 말했습니다. "네. 제 실력을 인정해주신다니 좋습니다. 여러분 중 한 분이 제 위에 타십시오." 그러자 사람들은 서로를 쳐다만 볼 뿐 한 사람도 선뜻 나서는 사람이 없었습니다. 조금 전까지 두 사람을 태우고도 건너갈 수 있다고 말하던 사람들이 자기 등에 타라고 하니까 두려워서 누구 하나 나서는 사람이 없었던 것이었습니다.

그런데 한 소년이 손을 들고 곡예사의 무등을 탔습니다. 사람들이 "너 그러다 떨어지면 어떡하려고 그래. 말로만 그랬지 저 사람의 뭘 믿는 거야?"라고 물었습니다. 그러자 소년이 말합니다. "이분이요? 우리 아빠예요."

우리가 상황이 좋을 때는 다 하나님을 아버지라고 고백합니다. 그러나 정작 위기와 고난, 어려움 앞에서는 하나님에 대한 믿음이 없어집니다. 인간의 최대의 위기는 무엇일까요? 바로 죽음입니다.

다윗에게 골리앗이 다가오고 있습니다. 골리앗이 다가올수록 다윗의 죽음도 가까워옵니다. 그런데도 다윗은 '하나님이 나와 함께하실 줄 믿습니다'라고 고백합니다. 다윗에게는 단 1퍼센트의 희망도 없었습니다. 그러나 다윗은 하나님에 대한 전적인 신뢰가 있었습니다. 하나님은 다윗의 믿음을 보시고 인생의 대반전을 허락하셨습니다. 오늘 우리에게도 하나님을 전적으로 신뢰할 수 있는 믿음이 필요합니다. 다윗은 말합니다. "나는 만군의 여호와의 이름으로 너에게 간다."

하나님과 함께하는 사람

하나님에 대한 전적인 신뢰로 골리앗 앞에 나아간 다윗은 그 순간에도 '하나님이 나와 함께하신다'는 믿음을 가졌습니다. 다윗은 칼과 창을 가진 거대한 골리앗이 자신에게 온다고 할지라도 하나님이 지켜주실 것을 믿었습니다. 막연한 하나님이 아니라 오늘 지금 이 시간 분명히 나와 함께 일하시는 하나님을 신뢰한 것입니다.

> 오늘 여호와께서 너를 내 손에 넘기시리니 내가 너를 쳐서 네 목을 베고 블레셋 군대의 시체를 오늘 공중의 새와 땅의 들짐승에게 주어 온 땅으로 이스라엘에 하나님이 계신 줄 알게 하겠고 삼상 17:46.

다윗은 골리앗에게 "네 죽음은 곧 내 손으로 이루어질 것인데, 네가 말한 것처럼 너의 시신도 짐승의 밥이 될 것"이라고 말합니다. 다윗은 지금 이 순간 하나님의 능력이 나타나 너를 죽일 것이라는 분명한 신앙 고백을 하고 있습니다. '절대절명의 순간, 1퍼센트의 희망이 보이지 않는 이 시간에도 하나님이 나와 함께 하시고, 일하실 줄 믿습니다.' 다윗은 말이 아닌 행동으로 하나님의 일하심을 선포하고 있습니다.

골리앗과 다윗, 두 사람 모두 자신이 이길 것이라고 확신있게 말합니다. 그런데 무엇을 가지고 이기느냐를 놓고 보면 그 주체가 다르다는 것을 알 수 있습니다. 골리앗은 "내가 너를 쳐서 이긴다"라고 말합니다. 즉, 자기의 힘으로 다윗을 이길 거라고 말합니다 삼상 17:44.

그러나 다윗은 그렇게 말하지 않았습니다. "나는 약하지만 하나님의 능력으로 골리앗을 이길 것"이라고 말합니다.

> 오늘 여호와께서 너를 내 손에 넘기시리니 내가 너를 쳐서 네 목을 베고 블레셋 군대의 시체를 오늘 공중의 새와 땅의 들짐승에게 주어 온 땅으로 이스라엘에 하나님이 계신 줄 알게 하겠고 삼상 17:46.

누가 보아도 다윗이 골리앗을 이길거라고 생각할 수 없는 상황이지만 다윗은 자신의 힘이 아니라 지금 하나님의 능력과 하나님의 힘으로 이길 것이라고 말합니다.

인간은 시간 속에 살아가고 있습니다. 시간은 과거, 현재, 미래로 흘러가지만 가장 중요한 시간은 '지금'이라고 하는 현재의 시간입니다. 과거에 건강했던 것보다는 지금 건강해야 합니다. 지금 건강해야 미래도 건강하게 됩니다. 과거에는 건강했는데 지금 병들고 약하다면 미래에는 건강이 보장되지 않습니다. 중요한 것은 지금입니다.

지금 하나님이 나와 함께하실 줄 믿어야 합니다. 그래야 미래에 하나님의 기적의 역사가 펼쳐지기 때문입니다. 과거에는 하나님의 많은 역사를 경험했는데 지금은 그렇지 못하다면 그것은 잘못된 신앙입니다. 다윗은 "지금 하나님이 나와 함께하실 줄 믿습니다"라고 고백하고 있습니다. 다윗은 과거의 하나님이 아니라 지금 나와 함께하시는 하나님을 믿었습니다.

운전하면서 필요한 것 중에 하나가 내비게이션입니다. 내비게이션은 가고자 하는 목적지를 입력하면 실시간으로 빠른 길을 인도해 줍니다. 우리가 내비게이션을 통해 목적지를 찾아가기 위해서는 반드시 현재의 위치가 어디인가를 분명히 알아야 합니다. 목적지를 찾아가는데 지금 위치를 모르면 방향을 잡을 수 없기 때문입니다. GPS를 통해서 현재 위치를 분명히 알아야 목적지의 경로를 정확하게 알 수 있습니다.

우리는 지금, 현재라는 시간 속에서 살아가고 있습니다. 과거의 하나님은 중요합니다. 미래의 하나님도 중요합니다. 하지만 지금 하나님이 나와 함께하신다는 고백이 있어야 합니다. 내가 예전에는 믿음이 뜨거웠고, 열심이 있었지만 지금은 없다면 그 신앙은 의미가 없습니다. 앞으로 잘 믿으면 된다고 생각하는 신앙도 의미가 없습니다. 지금 내 속에 성령의 충만함이 있어야 합니다. 다윗은 하나님이 지금 이 순간에도 나와 함께하실 거라고 고백합니다.

당신에게도 "오늘 우리의 믿음은 지금, 이 시간, 오늘을 살아가는 내 삶의 현장에서 하나님이 동행할 줄 믿습니다"라는 믿음의 고백이 있기를 바랍니다.

하나님의 방법을 신뢰하는 사람

강의를 할때는 강의를 하는 방법이 있습니다. 투자를 할때는 투자를 하는 방법이 있습니다. 기술을 배우려면 그 기술을 배우는 방법이 있습니다. 계획을 수립하고 나면 계획을 이루어가기 위한 방법이 반드시 필요합니다.

당시 전쟁에서 반드시 필요한 것은 칼과 창이었습니다. 얼마나 좋은 무기를 가지고 있느냐에 따라서 전쟁의 승패가 좌우되기도 했습니다. 그런데 다윗은 그런 무기로 전쟁을 하지 않는다고 말합니다.

다윗은 전쟁에 개입하시는 하나님의 방법이 있음을 믿고 있었습니다. 전쟁의 승리는 사람의 방법으로 되는 것이 아니라 누구도 예측하지 못하는 하나님의 방법으로 될 것이라고 믿었습니다. 하나님이 우리를 구원하시는 방법은 우리가 생각하는 칼과 창에 있지 않았습니다. 다윗은 '하나님의 방법으로 나를 인도해

줄 것을 믿는다'라고 고백합니다 삼상 17:47.

다윗은 칼과 창으로 하는 전쟁이 아님을 선포합니다. 또한 하나님의 방법, 즉 우리가 예측하지 못하는 어떤 방법이 있어서 반드시 그 방법으로 승리할 것이라고 말합니다. 다윗은 하나님의 방법이 어떤 것인지 확실히 알지 못하지만 하나님을 전적으로 신뢰하고 있었습니다.

어떤 절망 속에서도 하나님의 방법을 믿는 것이 믿음입니다. 살면서 단 1퍼센트의 희망이 없다 할지라도 하나님의 방법을 믿으십시오. 하나님은 새로운 방법으로 우리의 믿음을 통하여 하나님의 기적을 이루실 것입니다.

성경에 보면 에스더라고 하는 한 여인이 소개됩니다. 에스더가 살았던 시대는 이스라엘이 페르시아 왕국의 지배를 받았던 시대입니다. 이스라엘 백성들은 고향과 나라에 대한 소망을 잃어버린 채 살아가고 있었습니다. 그런데 하나님은 페르시아 제국의 왕인 고레스의 마음을 움직입니다.

고레스 왕은 포로로 끌려온 유대인들이 고국으로 돌아가도 좋다는 법령을 내렸습니다. 포로로 잡혀왔던 유대인들은 1차와 2차에 걸쳐서 본국으로 돌아갑니다. 그런데도 아직까지 고향으로 돌아가지 못한 이스라엘 백성들이 많았습니다. 돌아가지 못한 유대인들은 아직 페르시아 제국에 살고 있었습니다.

같은 시대에 모르드개라는 사람이 살았습니다. 모르드개는 본국에 돌아가지 못하고 아직 페르시아에 남아 있던 유대인이며 에스더의 삼촌이었습니다. 모르드개는 성을 지키는 문지기 일을 하고 있었습니다. 에스더는 일찍 부모님을 여의고 삼촌의 돌봄을 받으며 자라났습니다.

페르시아 왕국의 아하수에로 왕은 대제국을 건설하고 매일같이 잔치를 벌였습니다. 성경은 아하수에로 왕이 365일 중에 180일을 잔치를 벌였다고 말씀합니다. 잔치를 벌이던 어느 날 왕은 자신의 아내를 자랑하고 싶어서 왕비에게 잔치 자리에 나오라고 명합니다. 그러나 왕비는 왕의 부름에 응하지 않았습니다. 화가 난 왕은 왕비를 폐위시키고 새로운 왕비를 뽑게 되는데 하나님의 은혜로 에스더가 왕비가 되었습니다.

하만이라는 사람은 페르시아 왕국에서 아하수에로 왕의 신임을 얻은 절대 권력자였습니다. 왕은 하만에게 모든 결재권을 넘겨줄 정도로 하만을 신임했습니다. 하만이 길을 지나가면 모든 사람들이 고개를 숙이고 인사를 할 정도였습니다.

어느 날 하만이 길을 지나가는데 고개를 들고 인사를 하지 않는 사람이 있었습니다. 그 사람은 모르드개였습니다. 하만은 자신에게 절하지 않는 모르드개를 보고 매우 불쾌했습니다. 하만은 모르드개가 본국에 돌아가지 못한 유대인이라는 것을 알아내고 유대인들을 다 죽이려고 마음먹었습니다. 그래서 왕으로부터 페르시아 제국에 남아 있는 모든 유대인들을 죽일 수 있는 법령을 받아냈습니다. 날짜는 정해졌고 유대인들은 모두 죽을 수밖에 없었습니다.

모르드개는 자신 때문에 유대인들이 모두 죽게 되자 에스더를 찾아갑니다. "네가 왕에게 가서 이 법령이 잘못되었다는 것을 이야기해 주어라." 그러나 당시 에스더는 왕에게 나아갈 수 없었습니다. 왕이 부르지 않았는데 가면 죽임을 당할 수도 있었기 때문입니다. 에스더가 결단하며 모르드개에게 말합니다. "삼촌, 나는 내 시녀와 이 문제를 놓고 3일 동안 금식하며 기도하겠습니다. 그러니까 삼촌도 모든 유대인들과 함께 기도해주세요."

> 당신은 가서 수산에 있는 유다인을 다 모으고 나를 위하여 금식하되 밤낮 삼 일을 먹지도 말고 마시지도 마소서 나도 나의 시녀와 더불어 이렇게 금식한 후에 규례를 어기고 왕에게 나아가리니 죽으면 죽으리이다 하니라 에 4:16.

왕은 한 달여 동안 에스더를 찾지 않았습니다. 그러나 에스더는 죽으면 죽겠다는 마음을 가지고 3일 동안 금식한 후 왕이 부르지 않았음에도 왕 앞에 나아갔습니다. 왕은 에스더를 보는 순간 사랑스러운 마음이 가득 찼습니다. 하나님은 왕의 마음을 움직여 금식하고 핼쑥해진 에스더의 얼굴이 그 누구보다도 아름답게 보이도록 하셨습니다.

그 일 후 에스더가 왕을 잔치 자리에 초대했습니다. 왕에게 하만도 함께 오기를 청하였습니다. 왕은 에스더에게 말했습니다. "그대가 원하는 게 무엇이냐? 나라의 절반이라도 주겠다." 에스더가 대답했습니다. "왕이시여, 저는 아직 본국에 돌아가지 못한 유대인입니다. 그런데 우리 민족을 죽이려는 사람이 있습니다." 왕이 에스더의 이야기를 듣고 분노했습니다. 유대인을 죽이겠다는 말은 곧 에스더도 함께 죽이겠다는 의미이기 때문입니다.

왕이 계속 물었습니다. "도대체 그 자가 누구냐?" 에스더가 말합니다. "바로 저 사람 하만입니다." 분노한 왕은 잠시 자리를 떠나 왕궁의 후원으로 나갔습니다. 하만은 살려달라고 에스더의 치마폭에 엎드렸습니다. 다시 돌아온 왕은 하만이 왕비를 겁탈하려는 것으로 보고 하만을 붙잡았습니다. 그리고 모르드개를 죽이려고 했던 사형틀에서 하만을 죽입니다.

왕은 하만이 죽고 나자 모든 결재권을 가진 왕의 반지를 모르드개에게 주며 하만에게 주었던 모든 권력을 모르드개에게 주었습니다 에 8:2.

사람의 힘으로는 할 수 없는 일이지만 하나님이 개입하시면 해결됩니다. 하나님의 방법을 믿으십시오. 하나님은 하나님의 방법으로 기적을 베푸십니다. 다윗은 하나님 방법으로 대반전을 이루며 전쟁에서 승리했습니다.

> 다윗이 이같이 물매와 돌로 블레셋 사람을 이기고 그를 쳐죽였으나 자기 손에는 칼이 없었더라 삼상 17:50.

인생은 내가 만들 수 없습니다. 대신 하나님을 전적으로 신뢰하며 지금도 일하시는 하나님을 믿으시기 바랍니다. 하나님의 방법을 전적으로 의지할 때 하나님의 놀라운 기적이 당신에게도 일어날 것입니다.

우리의 삶 속에 눈물과 근심과 염려, 풀지 못하는 삶의 문제가 있을지라도 하나님의 능력을 믿으십시오. 그 능력으로 인생의 대반전을 이루어가기를 바랍니다.

04

특별한 신앙

다윗이 이같이 물매와 돌로 블레셋 사람을 이기고 그를 쳐죽였으나 자기 손에는 칼이 없었더라 다윗이 달려가서 블레셋 사람을 밟고 그의 칼을 그 칼 집에서 빼내어 그 칼로 그를 죽이고 그의 머리를 베니 블레셋 사람들이 자기 용사의 죽음을 보고 도망하는지라 이스라엘과 유다 사람들이 일어나서 소리 지르며 블레셋 사람들을 쫓아 가이와 에그론 성문까지 이르렀고 블레셋 사람들의 부상자들은 사아라임 가는 길에서부터 가드와 에그론까지 엎드러졌더라 이스라엘 자손이 블레셋 사람들을 쫓다가 돌아와서 그들의 진영을 노략하였고 다윗은 그 블레셋 사람의 머리를 예루살렘으로 가져가고 갑주는 자기 장막에 두니라 사울은 다윗이 블레셋 사람을 향하여 나아감을 보고 군사령관 아브넬에게 묻되 아브넬아 이 소년이 누구의 아들이냐 아브넬이 이르되 왕이여 왕의 사심으로 맹세하옵나니 내가 알지 못하나이다 하매 왕이 이르되 너는 이 청년이 누구의 아들인가 물어보라 하였더니 다윗이 그 블레셋 사람을 죽이고 돌아올 때에 그 블레셋 사람의 머리가 그의 손에 있는 채 아브넬이 그를 사울 앞으로 인도하니 사울이 그에게 묻되 소년이여 누구의 아들이냐 하니 다윗이 대답하되 나는 주의 종 베들레헴 사람 이새의 아들이니이다 하니라 삼상 17: 50-58.

04 특별한 신앙

'특별하다'라는 단어는 다른 것들과 다르게 구별된다는 뜻입니다. 사람들은 특별한 것에 관심이 많습니다. 똑같은 옷, 똑같은 음식이라도 좀 더 특별한 것을 원합니다. 똑같은 아파트에 살고 있어도 다른 집보다 우리 집이 뭔가가 좀 특별해보였으면 하는 것이 모든 사람들의 마음입니다.

TV를 한 대 샀습니다. 그런데 집에 와서 쓰다보니까 무엇인지 모르지만 1퍼센트가 부족합니다. 그러면 그 1퍼센트의 결함 때문에 AS센터에 가서 완벽하게 고쳐달라고 요청합니다. 모든 제품은 1퍼센트의 실수도 용납하지 않습니다. 자동차는 1퍼센트의 결함 때문에 리콜 조치가 되기도 합니다. 1퍼센트의 특별함이 큰 관점으로 받아들여지는 것입니다.

이스라엘과 블레셋의 전쟁 중 최선을 다해 싸웠지만 이스라엘 군대가 패배할 수밖에 없는 상황에 처했습니다. 블레셋의 골리앗이란 큰 장수를 이길 사람이 이스라엘 군대에 없었기 때문입니다.

이스라엘의 모든 사람이 도망을 가야 할 상황이었습니다. 이때 어린 소년 다윗이 블레셋 장수 골리앗을 쓰러뜨리고 패할 수밖에 없는 전쟁을 승리로 이끄는 결정적인 인물로 등장합니다.

성경에 기록된 다윗과 골리앗의 전쟁 이야기의 특별한 점은 문장의 배열 구도가 다른 곳과 다르다는 사실입니다. 사무엘상 17장 31절에서 40절까지는 다윗이 전쟁터에 가서 형을 만난 후 사울 왕에게 나아가 자기가 골리앗과 싸우겠다고 제안하는 내용입니다. 다윗의 이야기를 들은 모든 사람들이 다윗을 말렸습니다. 전쟁에 능한 사울 왕은 "그는 어려서부터 용사고 너는 소년이기 때문에 상대가 안 된다"라고 정확한 분석을 하며 다윗이 골리앗을 이길 수 없음을 말합니다. 다윗은 그럼에도 불구하고 골리앗과 싸워서 이길 수 있다고 말합니다.

41절부터 47절에서는 다윗이 하나님의 능력을 의지해서 골리앗 앞에 나아가는 내용입니다.

> 다윗이 블레셋 사람에게 이르되 너는 칼과 창과 단창으로 내게 나아 오거니와 나는 만군의 여호와의 이름 곧 네가 모욕하는 이스라엘 군대의 하나님의 이름으로 네게 나아가노라 삼상 17:45.

다윗은 골리앗을 향해 담대하게 나아갔습니다. 48절에서 54절에 보면, 다윗은 주머니에서 물맷돌을 꺼내서 골리앗을 향해 던집니다. 놀랍게도 물맷돌이 골리앗의 이마에 박혔고 골리앗은 그대로 쓰러져버리고 맙니다. 도망가려던 이스라엘 군대는 이제 반격을 시작합니다.

> 다윗이 달려가서 블레셋 사람을 밟고 그의 칼을 그 칼 집에서 빼내어 그 칼로 그를 죽이고 그의 머리를 베니 블레셋 사람들이 자기 용사의 죽음을 보고 도망하는지라 삼상 17:51.

대반전이 일어났습니다. 이스라엘 진영으로 돌아오는 다윗을 보고 모두 놀랐습니다. 특히 사울 왕은 더욱 크게 놀랐습니다.

> 왕이 이르되 너는 이 청년이 누구의 아들인가 물어보라 하였더니 다윗이 그 블레셋 사람을 죽이고 돌아올 때에 그 블레셋 사람의 머리가 그의 손에 있는 채 아브넬이 그를 사울 앞으로 인도하니 삼상 17:56-58.

이 이야기의 핵심은 다윗이 골리앗과 싸우는 장면입니다. 보통 전쟁의 장면을 설명하면 다윗이 어떻게 해서 골리앗을 이기고 그 다음에 이스라엘이 어떻게 승리했고, 어떤 땅을 얻었고, 어떤 노획물을 얻었는지에 대한 내용을 중점적으로 이야기해야 하는데 그런 내용은 짧게 언급되어 있습니다. 반면 다윗과 사울 왕이 서로 주고 받은 이야기의 내용을 더 비중 있게 다룹니다. 이 이야기의 핵심은 다윗의 '할 수 있다'는 말과 사울 왕의 '할 수 없다'는 말이기 때문입니다.

세상 사람들의 상식으로는 전쟁의 승패 여부가 가장 중요합니다. 전쟁에서 승리했다면 어떻게 해서 어떻게 이겼는지 전쟁에서 승리한 후 어떻게 되었는지에 대해 많은 관심을 갖습니다. 그런데 성경은 다윗과 사울의 이야기를 특별히 부각시키고 있습니다. 왜 다윗과 사울의 이야기를 더 중점적으로 다루었을까요?

또 다윗에게 어떤 특별한 특징이 있었기에 하나님이 함께하셔서 그 누구도 예측할 수 없었던 전쟁의 승리를 이끌어 주셨을까요?

도전적인 사람

'도전'이라는 말은 정면으로 맞서서 싸운다는 뜻입니다. 또는 어려움이나 새로운 기록의 갱신을 위해서 맞설 때 도전이라는 말을 사용합니다. 다윗은 누구나 할 수 있는 평범한 것을 한 것이 아닙니다. 다윗은 누가 보아도 도저히 할 수 없는 상황에 정면으로 맞서는 도전을 했습니다.

이렇게 설명할 수 있습니다. 산을 등반합니다. 많은 사람들은 길이 잘 닦인 등산로로 등반을 합니다. 그런데 도전하는 사람은 남이 가보지 않은 새로운 길, 길이 나지 않은 곳을 선택하여 새롭게 길을 만들며 나갑니다.

다윗 앞에는 무거운 갑옷으로 무장하고 칼과 창을 들고 뚜벅뚜벅 다가오는 거대한 골리앗이 있었습니다. 그때의 상황이 얼마나 두렵고 무서웠던지 성경은 당시 골리앗의 주변의 모든 사람들이 도망갔다고 말씀합니다 삼상 17:24.

이스라엘 모든 사람이라는 말에는 사울 왕과 모든 장군들도 포함되어 있었습니다. 그런데 골리앗과 맞선 다윗은 조금도 위축

되거나 머뭇거리지 않았습니다. 다윗은 오히려 골리앗보다 더 날렵하고 빠른 걸음으로 골리앗을 향해 나아가고 있었습니다.

> 블레셋 사람이 일어나 다윗에게로 마주 가까이 올 때에 다윗이 블레셋 사람을 향하여 빨리 달리며 삼상 17:48.

골리앗은 뚜벅뚜벅 걸어오는데 다윗은 골리앗을 향해 오히려 더 빨리 달려가고 있습니다. 다윗은 골리앗이 다가오는 죽음의 순간에서도 정면으로 맞서는 도전적인 정신을 가졌음을 보여주고 있습니다. 다윗의 싸움은 누가 보아도 무모한 판단이라고 말할 수 있을 것입니다. 그런데 다윗의 도전적인 정신 덕분에 거대한 골리앗이 죽고 말았습니다.

> 손을 주머니에 넣어 돌을 가지고 물매로 던져 블레셋 사람의 이마를 치매 돌이 그의 이마에 박히니 땅에 엎드러지니라 삼상 17:49.

이스라엘은 다윗의 정면 돌파로 전쟁에서 승리할 수 있었습니다. 만약 다윗이 다른 우회적인 방법을 선택했다면 어떻게 되었을까요? 사람들이 생각하는 전략과 전술을 의지했다면 다윗은 패배했을 것입니다. 이미 그러한 전략은 사울 왕과 이스라엘의 장군들에 의해 수차례 논의 되었을 것이기 때문입니다.

한 알의 콩을 땅에 심는 자만이 콩을 얻을 수가 있습니다. 콩을 놓고 안 되는 이유만을 나열하며 심지 않는다면 누구도 많은 콩을 거둘 수 없습니다.

내일 있을 더 크고 새로운 하나님의 역사하심을 기대한다면 오늘 도전하기 바랍니다. 산을 올라가야 한다는 도전적인 정신이 있을 때 산을 올라갑니다. 도전하지 않고 산에 오르는 방법만 연구한다면 평생 산에 올라가지 못합니다. 다윗이 승리하게 된 결정적인 요인은 다윗에게 도전적인 정신이 있었기 때문입니다.

로스차일드Rothschild라는 사람이 있었습니다. 이 사람은 유태인계 영국 사람이며, 영국의 대자본가입니다. 로스차일드가 Rothschild family는 국제적 금융기업을 보유하고 있는 유대계의 금융 재벌가입니다. 돈이 얼마나 많은지 금융제국이라고 불렸습니다. 로스차일드가는 나폴레옹 전쟁 이후의 유럽 주요 국가들의 공채 발행, 왕가와 귀족들의 자산 관리, 철도와 석유, 유럽의 경제와 정치에 어마어마한 영향력을 미칩니다.

로스차일드가가 가지고 있는 스위스 은행 가운데 RCH라는 은행이 있습니다. RCH 은행은 세계 최고의 개인 금융 서비스를 가지고 있는 공신력 있는 은행입니다. 이 은행에서 미국에 새로운 지점을 낼 계획을 가지고 직원 면접을 보게 되었는데 선발 과정에서 3명의 대상자를 놓고 이렇게 질문을 했다고 합니다. "미국에 지점을 낼 생각인데 준비 기간이 얼마나 되었으면 좋겠는가? 한 사람씩 이야기해보라."

첫 번째 사람은 CEO의 질문에 한 10일 정도 걸릴 것 같다고 말했습니다. 두 번째 사람은 3일 정도라고 말했습니다. 그리고 마지막 세 번째 사람은 당장 떠나겠다고 말했습니다. CEO는 지금 당장 떠나겠다고 대답한 세 번째 사람에게 미국 최초의 RCH 샌프란시스코 지점을 맡겼다고 합니다.

모든 것은 도전하려는 마음이 있어야 합니다. 도전하는 마음이 없다면 목적을 결코 이룰 수 없습니다. 다윗은 불가능해 보이는 현실 앞에서 도전했습니다. 그리고 승리했습니다. 승리하기 위해 오늘 우리에게 무엇이 필요할까요? 다윗은 무엇을 가지고 도전했을까요?

하나님의 신앙으로 도전하는 사람

다윗은 골리앗 앞에 서 있을 때 '나와 함께하시는 하나님이 승리하게 하실 줄 믿습니다'라는 고백만 갖고 있었습니다. 다윗은 죽음 앞에서도 철저하게 하나님만을 의지하는 분명한 신앙을 갖고 있었습니다. 그래서 하나님은 만군의 여호와의 이름으로 나아간 다윗과 함께하셔서 칼과 창으로 나아오는 골리앗을 물맷돌을 가지고 승리하게 하셨습니다. 성경은 다윗이 골리앗을 이긴 것은 칼이 아니라고 말씀하고 있습니다.

> 다윗이 이같이 물매와 돌로 블레셋 사람을 이기고 그를 쳐죽였으나 자기 손에는 칼이 없었더라 삼상 17:50.

'칼이 없었다'는 말은 사람의 능력으로 이긴 것이 아니라는 것을 뜻합니다. 그곳에는 하나님의 능력이 있었습니다. 다윗은 분명한 하나님의 신앙을 가지고 있었습니다.

우리가 쓰는 단어 가운데 비슷하지만 전혀 다른 단어가 있습니다. 하나는 '신념'이라는 단어입니다. 신념은 인간의 직간접적인 경험에 의해서 얻은 지식의 범위 안에서 신뢰하는 것을 뜻합니다. 또 하나는 '신앙'이라는 단어입니다. 이 단어는 인간의 지식도 아니고 경험도 아닌 하나님의 계시와 음성을 절대적으로 신뢰하는 것입니다. 그리고 더 나아가서 복종하는 것입니다.

신앙은 경험과 지식을 초월합니다. 하나님은 신념으로 믿을 수 없습니다. 경험적으로나 지식적으로 다윗이 거대한 골리앗을 이긴다는 것은 불가능합니다. 그러나 다윗의 마음에는 신앙이 있었습니다. 다윗이 승리한 것은 도전정신과 하나님이 나와 함께하신다는 분명한 신앙, 살아있는 믿음이 있었기에 가능했습니다.

다윗은 신앙으로 하나님을 믿고 있었습니다. 경험과 논리로써 골리앗을 이길 수 없다는 사울 왕의 분석도 다윗을 굴복시키지 못했습니다. 다윗의 분명한 신앙 덕분에 하나님이 다윗과 함께하셨습니다.

믿음에는 두 종류가 있습니다. 하나는 '신앙'의 믿음이고, 하나는 '신념'의 믿음입니다. 우리는 우리의 믿음이 신앙의 믿음인가, 신념의 믿음인가를 살펴보아야 합니다. 신념은 자기 생각, 지식, 경험, 타인의 경험, 통계를 벗어나지 못합니다. 그런데 신앙은 이 모든 것을 초월합니다. 초월해야만 하나님의 세계가 보이고, 초월해야만 하나님의 음성을 들을 수 있습니다. 이것이 신앙으로 믿는 것입니다. 그래서 하나님은 신념의 대상이 아닙니다. 신앙의 대상입니다. 다윗이 도전적으로 행할 수 있었던 것은 신념이 아니었습니다.

신념과 신앙의 대표적인 인물로 신약시대의 사울을 들 수 있습니다. 사울은 철저한 유대인이었습니다. 유대인은 하나님을 믿습니다. 그러나 율법에 매여서 더 큰 하나님의 구원의 계획을 보지 못했습니다. 예수 그리스도가 하나님의 아들로 이 땅에 오셨지만 유대인들은 예수님을 메시아로 인정하지 않았습니다. 그래서 예수님을 십자가에 못 박아 죽이고 자연히 예수님을 믿는 사람들을 잡아다 죽였습니다.

또, 사울은 헬라 철학에 능한 사람이었습니다. 오늘날로 말하자면 최고 학문을 공부하고 검찰계통에 종사하는 사람이었습니다. 사울은 공식적인 체포장을 가지고 다메섹에 가서 예수님을 믿는 사람들을 죽이려고 합니다. 당시 사울은 예수님의 제자들을 많이 죽였습니다. 초대교회의 스데반 집사도 죽였는데, 사울은 스데반 집사가 죽는 것이 당연하다고 생각했습니다행 8:1. 사울이 믿는 유대교의 입장으로서는 당연한 일이었습니다. 사울과 같이 학문과 경험과 타인의 주장을 믿는 것, 이것이 신념입니다.

그러다 다메섹 도상에서 예수님이 강한 빛으로 사울에게 나타나십니다. 사울은 강한 빛 앞에 거꾸러집니다. 그러고 나서 주님이 사울에게 말씀하십니다.

> 사울아 사울아 네가 왜 나를 박해하느냐 하시거늘 내가 대답하되 주님 누구시니이까 하니 나는 네가 박해하는 나사렛 예수라 하시더라 행 22:7-8.

사울은 살아계신 주님을 만나고 난 후 신앙의 사람으로 변화되었습니다. 신념의 사람이었을 때에는 예수님을 믿는 사람들을 핍박했는데, 신앙의 사람으로 변하고 난 후에는 자신이 가지고 있던 모든 것을 버리게 됩니다. 그래서 바울은 후에 자신이 가지고 있던 모든 것을 배설물로 여겼다고 표현합니다. 또한 자기를 죄인 중의 괴수라고 표현하며, 십자가 앞에서 날마다 죽는다는 표현을 씁니다.

사울은 바울로 바뀌면서 위대한 전도자가 됩니다. 왜 그렇게 되었을까요? 신념의 사람이 신앙의 사람으로 바뀌었기 때문입니다. 오늘 우리도 바울처럼 신념이 신앙으로 바뀌어야 합니다.

신앙생활을 하다 보면 믿음이 흔들릴 때가 있습니다. 신념을 붙들면 믿음이 흔들립니다. 다윗이 골리앗 앞에서 신념을 붙들었다면 도망갔을 것입니다. 그러나 다윗은 하나님을 붙들었습니다.

구약에서 신앙의 사람을 소개한다면 아브라함을 얘기할 수 있습니다. 성경은 아브라함을 복의 근원이라고 말합니다. 아브라함은 정말 많은 복을 받았습니다. 하나님은 아브라함이 백세가 되던 해에 자녀의 복을 주셔서 이삭이 태어났습니다. 이삭은 점점 자라서 청년이 됩니다. 그러던 어느 날 하나님은 아브라함의 믿음을 시험하십니다. 정말로 아브라함이 하나님을 사랑하는지 시험하시는 것이었습니다. 하나님은 아브라함이 사랑하는 독자 이삭을 모리아 제단에 제물로 드리라고 말씀하십니다.

이 상황을 신념적인 관점으로 본다면 말이 안 되는 이야기입니다. 그러나 아브라함은 신념을 뛰어넘어 신앙을 선택합니다.

> 손을 내밀어 칼을 잡고 그 아들을 잡으려 하니 창 22:10.

아브라함의 행동을 보시던 하나님은 "그 아이에게 네 손을 대지 말라 그에게 아무 일도 하지 말라 네가 네 아들 네 독자까지도 내게 아끼지 아니하였으니 내가 이제야 네가 하나님을 경외하는 줄을 아노라"라고 말씀하십니다 창 22:12. 뒤를 돌아보니 하나님이 제물로 준비하신 숫양도 묶여 있었습니다. 그리고 하나님은 아브라함에게 복을 주시겠다고 약속하십니다. 그 후로부터 지금까지 아브라함은 신앙의 사람으로 소개됩니다.

우리가 신앙생활을 하다 보면 시험이 올 때가 있습니다. 시험은 믿음을 한 계단 한 계단 올리려고 하는 것입니다. 시험은 사람마다 다 다릅니다. 그러나 한 가지 중요한 사실은 시험을 잘 치러야 한다는 것입니다. 이 시험은 누구에게나 올 수 있지만 시험지는 각자가 다 다릅니다. 그러나 각자의 믿음 수준에 맞게 다 감당할 수 있습니다. 우리는 신념을 넘어서 신앙으로 시험에 도전해야 합니다. 그러면 어떠한 시험도 능히 이길 수가 있습니다. 시험을 잘 치르고 나면 상급이 있습니다.

유명한 문학작품 가운데 『쿠오 바디스』*Quo Vadis?* 라는 책이 있습니다. 작가는 헨리크 시엔키에비치Henryk Sienkiewicz라는 폴란드 사람으로 1905년에 이 책으로 노벨문학상을 받습니다. '쿠오 바디스'Quo Vadis는 라틴어로, 번역하면 '주여 어디로 가시나이까?'라는 뜻입니다. 이 책은 기독교 대탄압을 주도한 로마 네로 황제 때에 식민 통치를 받던 폴란드 사람들의 고난을 그린 역사 소설입니다. 책에는 네로 왕이 믿고 신임했던 패트로니우스라는 장군이 나옵니다. 패트로니우스에게는 비키니우스라는 조카가 있었습니다. 비키니우스는 전쟁도 잘하고 정치도 잘했으며 늘 삼촌 패트로니우스를 도왔습니다.

네로 황제는 유명한 폭군이었습니다. 기독교인을 싫어했으며 건축물을 굉장히 좋아했습니다. 네로 황제는 로마라는 도시를 새롭게 짓고 싶어서 도시에 불을 냅니다. 그리고 기독교인들이 불을 질렀다고 죄를 덮어씌웁니다. 그러던 와중에 비키니우스는 리기아라는 한 여인을 만납니다. 리기아는 폴란드인이었고 기독교인이었습니다. 비키니우스는 리기아와 사랑에 빠지게 되고 리기

아는 비키니우스를 베드로 앞에 데려갑니다. 비키니우스는 성만찬을 하면서 예수님을 영접하게 됩니다. 연인간의 뜨거운 사랑과 더불어 예수 그리스도의 뜨거운 은혜가 넘치기 시작합니다.

하지만 행복한 시간도 길지 못했습니다. 네로 황제는 로마의 기독교인들을 탄압하여 감옥에 가두기 시작했습니다. 리기아도 감옥에 갇히게 됩니다. 감옥에서는 매일같이 시체들이 나왔습니다. 비키니우스는 사랑하는 리기아를 살리기 위해 삼촌인 패트로니우스에게 도움을 청합니다. 패트로니우스는 조카를 위해 죽음의 수용소에서 리기아를 꺼낼 수 있도록 도와줍니다. 이 과정 가운데 끊임없는 고난과 죽음의 위협이 계속 다가오게 됩니다.

이런 배경 속에서 진행되는 소설 가운데 하이라이트는 베드로가 네로의 탄압을 피해 로마를 빠져나오는 장면입니다. 이른 새벽 아직 해가 뜨기도 전인 시간에 로마를 빠져나온 베드로 앞에 흰 빛이 보입니다. 그 빛은 예수님이셨습니다. 베드로는 깜짝 놀라 "쿠오 바디스?"(주님 어디로 가십니까?)라고 묻습니다. 예수님은 베드로의 물음에 "나는 네가 고난을 피해서 떠나는 저 로마에 십자가를 지러 나아간다"라고 대답하십니다. 그 순간 베드로는 무릎을 꿇고 회개하며 다시 로마로 돌아가겠다고 말합니다.

로마로 들어간 베드로는 십자가형에 처해지게 됩니다. 베드로는 "내 스승인 예수께서 십자가에 똑바로 못 박히셨는데, 내가 어떻게 똑바로 죽을 수 있겠습니까? 나를 거꾸로 십자가에 못 박아 주십시오"라고 말한 후에 십자가에 거꾸로 매달려 순교하게 됩니다.

베드로도 처음에는 신념의 사람이었습니다. 하지만 신념 속에 신앙이 들어간 후에는 위대한 순교자가 되었습니다. 우리도 신념을 넘어서 신앙의 사람이 되어야 합니다.

시간이 흘러도 믿음이 흔들리는 이유는 우리의 신앙이 아직 신념에 머물러 있기 때문입니다. 끊임없이 우리의 신앙을 허무는 신념들이 많습니다. 중요한 건은 어떤 상황에서도 하나님이 함께 하심을 믿는 신앙입니다. 이 신앙이 다윗을 도전하게 만들었고, 다윗에게 위대한 승리를 가져다 주었습니다.

겸손한 사람

하나님의 이름으로 전쟁을 승리로 이끈 다윗의 인기는 급상승했습니다. 하나님을 향한 분명한 신앙은 다윗이 거대한 골리앗을 쓰러뜨리게 했고 패잔병과 같던 이스라엘 군대가 블레셋 군대를 쳐서 승리하게 했습니다삼상 17:51. 하나님이 다윗을 통해 일하신 것입니다.

상황을 바꾼 결정적인 역할을 한 사람은 다윗이었습니다. 다윗의 인기는 높아졌습니다. 국민적 영웅이 되었습니다. 전쟁을 마치고 사울 왕과 다윗이 돌아올 때 온 이스라엘 백성들이 환호했습니다.

> 무리가 돌아올 때 곧 다윗이 블레셋 사람을 죽이고 돌아올 때에 여인들이 이스라엘 모든 성읍에서 나와서 노래하며 춤추며 소고와 경쇠를 가지고 왕 사울을 환영하는데 여인들이 뛰놀며 노래하여 이르되 사울이 죽인 자는 천천이요 다윗은 만만이로다 한지라 삼상 18:6-7.

다윗의 인기가 사울 왕보다 높아졌습니다. 그러나 다윗은 이런 열기에 도취되지 않았습니다. 다윗의 고백은 하나입니다. '내가 한 것이 아니라 하나님이 하셨습니다.' 다윗 스스로의 힘이 아니라 하나님의 능력으로 승리하였음을 다윗은 철저하게 인정하고 있습니다. 이것이 바로 '겸손'입니다.

겸손은 남을 존중하고 자기를 세우지 않는 태도를 말합니다. 다윗은 언제나 하나님의 은혜를 먼저 생각했습니다. 국민적인 영웅이 되었음에도 절대로 자신을 높이거나 내세우지 않았습니다. 다윗이 모든 영광을 하나님께 돌렸을 때 하나님은 다윗을 이스라엘의 위대한 왕으로 세우셨고, 이스라엘의 국기에 다윗의 별이

새겨질 정도로 그의 이름을 존귀하게 하셨습니다.

우리도 다윗과 같은 신앙의 사람이 되어야 합니다. 특별한 신앙을 가지십시오. 그리고 세상 앞에 도전하십시오. 분명한 신앙을 가지고 도전한다면 하나님이 당신을 승리케 하실 것입니다. 도전 후에는 모든 영광을 하나님께 돌리는 겸손의 사람이 되어야 합니다. 하나님이 하셨음을 겸손히 인정하면 하나님이 당신을 높이실 것입니다.

다윗의 승리가 말씀에서만 보는 승리가 아닌 당신 삶에서 나타나는 승리가 되기를 바랍니다.

05

하나님이 함께하시는 사람

어떤 사람이 다윗이 한 말을 듣고 그것을 사울에게 전하였으므로 사울이 다윗을 부른지라 다윗이 사울에게 말하되 그로 말미암아 사람이 낙담하지 말 것이라 주의 종이 가서 저 블레셋 사람과 싸우리이다 하니 사울이 다윗에게 이르되 네가 가서 저 블레셋 사람과 싸울 수 없으리니 너는 소년이요 그는 어려서부터 용사임이니라 다윗이 사울에게 말하되 주의 종이 아버지의 양을 지킬 때에 사자나 곰이 와서 양 떼에서 새끼를 물어가면 내가 따라가서 그것을 치고 그 입에서 새끼를 건져내었고 그것이 일어나 나를 해하고자 하면 내가 그 수염을 잡고 그것을 쳐죽였나이다 주의 종이 사자와 곰도 쳤은즉 살아 계시는 하나님의 군대를 모욕한 이 할례 받지 않은 블레셋 사람이리이까 그가 그 짐승의 하나와 같이 되리이다 또 다윗이 이르되 여호와께서 나를 사자의 발톱과 곰의 발톱에서 건져내셨은즉 나를 이 블레셋 사람의 손에서도 건져내시리이다 사울이 다윗에게 이르되 가라 여호와께서 너와 함께 계시기를 원하노라 삼상 17:31-37

05

하나님이 함께하시는 사람

4년마다 실시되는 국회의원 선거는 우리나라에 큰 변화를 가져다줍니다. 선거철이 되면 지역구마다 국회의원 후보들이 여러 가지 수단과 방법을 동원해서 유권자들에게 자신을 알리기 위해 노력합니다. 국회의원 후보자들의 열정과 노력을 보면 참 대단하다는 생각이 듭니다.

선거철에만 나타나는 특별한 상황이 있습니다. 후보자들이 유권자들을 일일이 찾아다니며 아주 낮은 자세로 인사를 합니다.

아침 일찍부터 출근길에 나선 유권자들에게 명함을 나눠주고 자신의 이름을 소개하며 다른 운동원들과 함께 큰 절을 하듯이 고개를 숙이고 깍듯하게 인사를 합니다.

모든 국회의원 후보자들은 선거를 통해서 국회의원에 당선이 되어야 하는 상황에 놓여 있습니다. 하지만 투표 결과에 따라서 후보자들은 너무나 다른 결과를 얻게 됩니다. 당선자와 비당선자의 모습은 다를 수밖에 없습니다. 후보자들 모두 똑같은 상황에 있지만 다른 결과를 맞게 됩니다.

'똑같은 상황'이란 말은 어떤 일의 모습이나 형편이 다른 것이 없다는 뜻입니다. 예배를 드릴 때 우리는 모두 똑같은 상황에 있습니다. 같은 공간에서 같은 곳을 바라보고 같은 소리를 듣고 있습니다. 그러나 각 사람의 생각과 판단과 기준에 따라 또는 각 사람의 믿음에 따라 가슴 속에 들려오는 은혜의 소리는 각각 다릅니다. 또 여러 사람이 똑같은 식당에서 똑같은 음식을 먹는다 하여도 각 사람의 입맛에 따라 맛을 다르게 느낍니다.

블레셋이 이스라엘을 침공하여 두 나라가 전쟁을 하게 되었습니다. 블레셋은 유다에 속한 소고를 침공하여 에베스담밈에 진을 쳤고 사울 왕은 이스라엘 사람들을 모아 엘라 골짜기에 진을 치고 전열을 갖추었습니다. 두 진영 사이에 팽팽한 긴장감이 감도는 가운데 블레셋의 장수 골리앗이 나와 이스라엘 군대에 싸움을 걸었습니다. 사울 왕과 이스라엘 군대는 골리앗의 위용에 압도되어 사기가 크게 저하되었습니다. 어느 한 사람도 감히 나서서 싸우려 하지 않았습니다.

> 이스라엘 모든 사람이 그 사람을 보고 심히 두려워하여 그 앞에서 도망하며 삼상 17:24.

이스라엘의 모든 사람이 골리앗을 두려워하여 도망을 갔습니다. 그러나 똑같은 상황에서 소년 다윗만은 두려워하거나 도망하지 않았습니다. 오히려 다윗은 형 엘리압에게 자신이 골리앗과 싸우겠다고 말합니다. 다윗의 말을 들은 엘리압은 크게 화를 냈습니다. 목숨이 걸린 치열한 전쟁터에서 어린 다윗이 자신의 형편과 처지를 생각하지 않고 만용을 부린다고 생각했기 때문입니다. 그래서 엘리압은 다윗에게 악한 말로 꾸지람합니다.

> 큰형 엘리압이 다윗이 사람들에게 하는 말을 들은지라 그가 다윗에게 노를 발하여 이르되 네가 어찌하여 이리로 내려왔느냐 들에 있는 양들을 누구에게 맡겼느냐 나는 네 교만과 네 마음의 완악함을 아노니 네가 전

> 쟁을 구경하러 왔도다 삼상 17:28.

엘리압은 이스라엘 사람들 중에 그 누구도 골리앗을 이길 수 없다고 생각했기 때문에 동생인 다윗을 말릴 수밖에 없었습니다. 그러나 다윗은 여전히 골리앗을 이길 수 있다고 확신하며 말합니다. 똑같은 상황 속에서 모든 사람들이 절망을 이야기할 때 오직 다윗만은 희망을 이야기했습니다. 사울 왕의 부하 중 한 사람이 다윗이 한 말을 듣고 사울 왕에게 전합니다. 다윗의 희망의 소리를 듣게 된 사울 왕은 다윗을 부릅니다.

> 어떤 사람이 다윗이 한 말을 듣고 그것을 사울에게 전하였으므로 사울이 다윗을 부른지라 삼상 17:31.

다윗은 이스라엘 백성들과 엘리압에게 말했던 것처럼 확신에 찬 목소리로 사울 왕에게도 블레셋 장수 골리앗과 싸우겠다고 말합니다.

> 다윗이 사울에게 말하되 그로 말미암아 사람이 낙담하지 말 것이라 주의 종이 가서 저 블레셋 사람과 싸우리이다 하니 삼상 17:32.

다윗의 말을 들은 사울 왕도 앞서 다른 사람들이 했던 말과 같은 말을 합니다. "너는 소년이기 때문에 저 블레셋 사람과 싸울 수 없다. 저 블레셋 장수는 어려서부터 잘 훈련된 용사이기 때문이다." 사울 왕의 말은 지극히 논리적이고 이성적이었습니다.

> 사울이 다윗에게 이르되 네가 가서 저 블레셋 사람과 싸울 수 없으리니 너는 소년이요 그는 어려서부터 용사임이니라 삼상 17:33.

다윗은 아주 약하고 어린 소년이었고 골리앗은 큰 용사였기 때문에 사울 왕이 보기에 다윗은 골리앗의 상대가 되지 않았습니다. 그러나 다윗은 사울 왕에게 다시 한 번 말합니다. "왕이시여! 저는 목동입니다. 제가 양을 칠 때 사자나 곰이 나타나면 제가 모두 무찔렀습니다. 그리고 제게는 살아계시는 하나님이 함께하십니다. 그러므로 저 골리앗을 능히 이길 수 있습니다." 다윗과 사울 왕은 똑같은 상황 앞에서 서로 다른 말을 하고 있습니다. 확신에 차서 자신 있게 말하는 다윗을 보고 결국 사울 왕은 다윗이 골리앗과 싸우도록 허락합니다.

> 또 다윗이 이르되 여호와께서 나를 사자의 발톱과 곰의 발톱에서 건져내셨은즉 나를 이 블레셋 사람의 손에서도 건져내시리이다 사울이 다윗에

게 이르되 가라 여호와께서 너와 함께 계시기를 원하노라 삼상 17:37.

다윗과 사울 왕은 어떤 차이가 있었을까요? 당시 다윗은 어린 소년이었고 목동이었으며 전쟁 경험이 전혀 없는 양치기 소년에 불과했습니다. 반면 사울 왕은 성인이었으며 한 나라의 최고 권력자였고 수많은 전쟁 경험을 가지고 있었습니다. 사울 왕은 모든 면에서 다윗보다 뛰어난 사람이었지만 다윗과 같은 희망은 보지 못했습니다. 같은 상황을 보면서도 다른 것을 생각하고 있었습니다. 대조적인 두 사람을 보며 희망의 삶을 도모하는 자세를 가지고 사는 것이 얼마나 중요한지 새롭게 우리는 깨닫습니다.

그렇다면 다윗은 무엇이 달랐기에 같은 상황 속에서 희망을 볼 수 있었을까요?

좋은 생각을 가진 사람

'생각'은 사람이 머리를 써서 사물을 헤아리고 판단하는 작용을 의미하는 것으로, 결론을 얻기 위한 관념의 과정입니다. 즉, 생각은 어떤 목표에 이르는 방법을 찾으려고 하는 정신적인 활동을 뜻합니다. 사람은 무슨 생각을 하느냐가 매우 중요합니다. 다가올 미래는 오늘의 생각으로 이루어지기 때문입니다.

좋은 결과를 얻으려면 좋은 생각을 해야 합니다. 생각은 건물의 설계 도면을 그리는 것과 같습니다. 건물을 짓기 위해서는 어떻게 건물을 지을 것인지 방법과 과정을 생각하고 미리 그림을 그립니다. 생각이 실제화되는 것이 설계 도면이고 건물은 반드시 설계 도면대로 건축됩니다. 어떤 생각을 가지고 설계 도면을 그리느냐에 따라 완성된 건물의 구조와 모양이 달라집니다. 부정적인 생각을 가지고 부실한 설계 도면을 그리면 그 건물은 견고할 수 없습니다. 반대로 긍정적인 생각을 가지고 설계 도면을 바르게 그리면 견고한 건물이 됩니다.

다윗과 사울 왕은 똑같은 상황을 두고 다른 말을 합니다. 서로 다른 말을 하는 이유는 두 사람의 생각이 차이가 있기 때문입니다. 사울 왕은 현실의 문제 앞에서 온통 마음이 무너지고 부정적인 생각으로 가득 차 있었습니다.

성경에 보면 현실적인 생각에 사로잡힌 사울 왕의 마음이 '낙담'이라는 단어로 표현되었습니다 삼상 17:32. '낙담'은 바라던 일이 뜻대로 되지 않아 마음이 몹시 상한 상태를 뜻합니다. 사울 왕은 이스라엘 땅을 쳐들어 온 블레셋 군대를 무찌르고 전쟁에서 승리하고 싶었지만 블레셋 장수 골리앗으로 인해 패배할 수밖에 없는 상황에 처하게 되자 마음이 몹시 상했습니다. 그러나 다윗은 똑같은 상황에서 낙담하지 않고 오히려 사울 왕에게 용기를 불어넣어 줍니다.

사람이 낙담하면 나타나는 몇 가지 현상이 있습니다. 첫 번째는 열정이 사라집니다. 목표를 이루고자 하는 열정이 식어져서 의욕을 잃어버리고 절망합니다. 두 번째는 꿈이 작아집니다. 큰 꿈을 마음에 품고 열심을 내지만 현실은 뜻대로 되지 않습니다. 그러다 열정이 사라지면서 점점 꿈이 작아지게 되고 목표치를 낮추게 됩니다. 처음에 품었던 꿈은 사라지고 전혀 다른 꿈을 꾸다가 결국 꿈을 포기하게 됩니다. 목표치를 낮추게 되고 꿈이 점점 작아지다가 어느 순간 모든 것을 포기하고 싶은 절망감에 사로잡히게 됩니다. 아무것도 하고 싶지 않게 되고 좌절감에 빠지게 되는 것입니다.

이 모든 것은 생각에서부터 시작됩니다. 부정적이고 절망적이고 마음을 낙담케 하는 생각을 몰아내야 합니다. 다윗은 사울 왕에게 낙담하지 말라고 말합니다. 똑같은 상황에서 사울 왕은 전쟁에서 패할 것이라는 생각에 사로잡혀 낙담하고 있었지만 다윗은 골리앗을 물리칠 수 있다는 희망적인 생각을 하고 있습니다.

사람의 생각은 항상 똑같은 상황에 머물러 있는 것이 아니라 커지고 자라는 속성을 가지고 있습니다. 부정적인 생각을 가지고 있으면 부정이 점점 커지고 자라납니다. 걷잡을 수 없이 커진 부정은 생각을 넘어서 사람을 삼키게 됩니다. 결국 부정에게 삼켜진 사람은 절망하게 되고 좌절하며 인생을 포기하게 됩니다.

반대로 긍정적인 생각을 가지고 있으면 긍정이 점점 커지고 자라납니다. 점점 커지는 긍정은 더 큰 꿈과 희망을 품게 하며 크고 놀라운 일을 이루어내는 원동력이 됩니다. 긍정은 생각을 넘어서 성공의 삶으로 이끌어 줍니다.

다윗은 하나님이 함께하시니 능히 골리앗을 이길 수 있다는 희망적인 생각으로 가득 차 있었습니다. 그리고 생각대로 골리앗을 이겨냈습니다. 결국 생각의 차이와 크기가 전혀 새로운 현실의 결과를 만들어낸 것입니다. 다윗이 이스라엘 백성들과 형 엘리압 그리고 사울 왕같이 현실적인 문제와 생각에 갇혀서 낙담만 하고 있었다면 결코 블레셋과의 전쟁을 승리로 이끌지 못했을 것입니다. 다윗은 똑같은 상황에서도 현실의 문제를 넘어 하나님 안에서 승리할 수 있다는 희망의 생각을 가졌기에 블레셋과의 전쟁을 승리로 이끌 수 있었습니다.

사람의 생각은 창조성이 있기 때문에 생각하는 것이 작으면 작은 열매를 맺고 반대로 큰 생각은 큰 열매를 맺습니다.

미국에 프랭크 맥나마라Frank X.mcnamara라는 사업가가 있었습니다. 하루는 자신의 중요한 고객들을 초청해 뉴욕의 한 레스토랑에서 성대하게 파티를 열었습니다. 만찬이 끝나고 음식 값을 내려는 순간 맥나마라는 지갑이 없다는 것을 알게 되었습니다. 사무실에 지갑을 놓고 온 맥나마라는 돈을 지불하지 못해 초청된 고객들 앞에서 무안을 당했습니다. 맥나마라는 변호사 친구를 찾아가 자신이 봉변당한 일을 털어놓으며 말했습니다. "현금이 없을 때 음식 값을 대신 지불할 수 있는 방법은 없을까?" 두 사람은 장시간의 연구와 생각 끝에 먼저 결제하고 나중에 값을 상환할 수 있는 카드를 만들었습니다. 이것이 바로 세계 최초의 신용카드인 다이너스 클럽 카드입니다. 이 카드는 오늘날 신용카드의 전신입니다.

맥나마라는 실수를 긍정적인 생각으로 전환하여 성공으로 바꾸었습니다. 중요한 것은 어려운 문제를 만나도 문제에 끌려가지 말고 긍정적인 방향으로 이끌어가야 한다는 것입니다.

다윗은 절망적이고 좌절할 수밖에 없는 상황이었지만 하나님을 붙들며 희망적인 생각을 가지고 있었습니다.

믿음의 언어를 사용하는 사람

사람은 자신이 생각하는 것을 표현하고 전달할 수 있는데 그 수단이 언어이고 말입니다. 그래서 사람들의 말을 들어보면 말속에서 그 사람의 생각을 알 수 있게 됩니다. 다윗은 일찍이 자신의 삶에서 우러나온 하나님을 향한 믿음을 말로 잘 표현했습니다.

> 내가 사망의 음침한 골짜기로 다닐지라도 해를 두려워하지 않을 것은 주께서 나와 함께하심이라 주의 지팡이와 막대기가 나를 안위하시나이다 시 23:4.

다윗은 지금 상황이 절망적이지만 하나님이 함께하시므로 능히 승리할 수 있다고 말합니다. 그러나 사울 왕은 다윗에게 할 수 없다고 부정적인 말만 합니다.

> 사울이 다윗에게 이르되 네가 가서 저 블레셋 사람과 싸울 수 없으리니 너는 소년이요 그는 어려서부터 용사임이니라 삼상 17:33.

사울 왕은 다윗과 골리앗을 비교하면서 '너는 저 블레셋 사람과 싸울 수 없다'고 말합니다. 다윗이 소년이기 때문입니다. 다윗은 이새의 막내아들이었으며 형제들 중 세 명만이 20세를 넘겨

군에 갈 수 있었습니다. 즉 다윗은 아직 전쟁에 나갈 만큼 나이가 차지 않은 어린 소년이었습니다. 반대로 골리앗은 어렸을 때부터 전쟁을 위해 훈련되었으며 실제로 전쟁에도 수없이 참여하여 많은 승리를 거둔 전쟁에 능한 용사였습니다. 사울 왕은 다윗이 골리앗과 상대가 되지 않는다고 말합니다. 그러나 다윗은 하나님이 함께하시므로 능히 골리앗과 싸워 이길 수 있다고 자신 있게 말합니다.

> 또 다윗이 이르되 여호와께서 나를 사자의 발톱과 곰의 발톱에서 건져내셨은즉 나를 이 블레셋 사람의 손에서도 건져내시리이다 삼상 17:37.

다윗과 사울 왕이 나누는 대화의 내용을 자세히 살펴보면 두 사람 사이에 분명한 차이가 있음을 발견할 수 있습니다. 사울 왕은 부정적인 언어를 많이 사용하는 반면 다윗은 긍정적인 언어를 많이 사용합니다.

환경과 운명은 고체처럼 굳어져 있거나 텐트처럼 단단하게 고정되어 있는 것이 아닙니다. 환경과 운명은 액체같이 유동적입니다. 또한 얼마든지 변화되고 성장할 수 있는 가능성이 있습니다. 담기는 그릇의 모양에 따라 물의 모양이 바뀌듯 환경과 운명도 어떤 영향을 받느냐에 따라 달라집니다. 그런데 그 영향은 항상 긍정과 부정을 동시에 가지고 있습니다. 그 영향력 중 하나가 '언어'입니다. 언어는 창조력을 가지고 있기 때문입니다.

작은 시골 성당의 주일 미사에서 신부를 돕고 있던 한 소년이 있었습니다. 어느 날 소년이 성찬에 사용할 제단의 포도주 그릇을 실수로 떨어뜨렸습니다. 신부는 즉시 소년의 뺨을 치며 "썩 물러가! 다시는 제단 앞에 나오지 마!"라고 소리를 질렀습니다. 이 소년은 성당을 떠났고 후에 유고슬라비아의 공산주의 독재자인 티토Josip Broz Tito 대통령이 되었습니다.

또 다른 큰 도시의 성당에서 미사를 돕던 한 소년이 성찬용 포도주 그릇을 떨어뜨렸습니다. 신부는 이해와 동정 어린 사랑의 눈빛으로 소년을 바라보며 조용히 "네가 앞으로 신부가 되겠구나"라고 속삭여 주었습니다. 이 소년은 자라나 유명한 풀턴 신Fulton Sheen 주교가 되었습니다. 두 소년의 삶은 같은 상황에서 언어가 어떻게 영향을 끼치는지를 깨닫게 합니다. 소년 티토는 커서 하나님을 비웃는 공산주의 지도자가 되었고, 소년 신은 이후 귀한 하나님의 일꾼이 되었습니다. 같은 상황이지만 긍정적인 말을 들은 소년은 사람을 살리는 사람이 되었고, 부정적인 말을 들은 소년은 사람을 죽이는 사람이 되었습니다.

예수님은 "누구든지 이 산더러 들리어 바다에 던져지라 하며 그 말하는 것이 이루어질 줄 믿고 마음에 의심하지 아니하면 그대로 되리라"라고 말씀하셨습니다막 11:23. 먼저 자신이 하는 말을 믿고 그 말이 이루어질 것을 믿는 믿음이 따라올 때 그 말대로 이루어지는 기적이 일어난다는 말씀입니다.

믿음을 말로 나타낼 때 상황이 바뀌는 기적이 일어납니다. 믿음을 말로 선포하는 것은 매우 중요합니다. 과일 하나를 살 때도 좋은 것을 고르듯 말도 좋은 단어를 골라서 하는 것이 매우 중요합니다.

누에고치는 자기 입에서 뽑아낸 실로 자신의 몸을 칭칭 감습니다. 언어는 누에고치와 같습니다. 지금 내가 하는 말이 내 삶을 동여매게 됩니다. 긍정의 언어는 내 삶을 긍정으로 감싸고 부정의 언어는 내 삶을 부정으로 감쌉니다. 다윗과 사울 왕의 차이는 언어에 있었습니다. 다윗은 긍정의 말대로 승리의 삶을 만들었습니다.

직접 행동하는 사람

생각과 언어가 달랐던 다윗은 사울 왕에게 "내가 지금 전쟁터로 나가 블레셋의 장수 골리앗과 싸우겠다"고 말합니다.

> 다윗이 사울에게 말하되 그로 말미암아 사람이 낙담하지 말 것이라 주의 종이 가서 저 블레셋 사람과 싸우리이다 하니 삼상 17:32.

'행동'은 몸을 직접 움직이는 것을 의미합니다. 다윗은 생각과 말뿐 아니라 자신이 선포한 것을 행함으로 옮겼습니다. 다윗은 목동으로서 들에서 양을 지킬 때 가지고 있었던 여러 가지 기구들과 막대기, 조약돌을 가지고 골리앗을 향하여 싸우러 나아갔습니다.

> 손에 막대기를 가지고 시내에서 매끄러운 돌 다섯을 골라서 자기 목자의 제구 곧 주머니에 넣고 손에 물매를 가지고 블레셋 사람에게로 나아가니라 삼상 17:40.

'나아가다'라는 말은 히브리어의 동사 '나가쉬'라는 단어로 '가까이 끌어당기다', '접근하다'라는 뜻이며, 실제적인 교전과 전쟁을 나타내는 단어이기도 합니다. 성경은 다윗이 골리앗과 싸우기 위해 접근하고 있는 모습을 표현하고 있습니다. 반면에 성경 어디에도 사울이 왕으로서 골리앗을 향하여 나아갔다고 기록된 내용은 없습니다. 다만 자신의 투구와 갑옷을 벗어주고 다윗이 골리앗과 싸우게 했을 뿐입니다.

> 이에 사울이 자기 군복을 다윗에게 입히고 놋 투구를 그의 머리에 씌우고 또 그에게 갑옷을 입히매 삼상 17:38.

다윗은 사울 왕의 놋 투구와 갑옷이 자신의 몸에 맞지 않자 바로 벗어버립니다. 그리고 막대기와 조약돌과 물매만 가지고 골리앗을 향해 나아갑니다. 이처럼 언어는 시작일 뿐이며 언어에 맞는 행동이 뒤따라야 합니다.

농부가 가을에 풍성한 수확을 거두고 싶다고 말하면서 씨를 뿌리지 않으면 열매를 거둘 수 없는 원리와도 같습니다. 농부는 자신이 씨를 뿌린 밭에서만 열매를 거둘 수 있습니다. 자신이 뿌리지 않은 밭에서 열매를 거두려 한다면 그 행동은 범죄가 됩니다. 풍성한 열매를 거두고 싶으면 그에 합당한 행동이 뒤따라야 합니다.

다윗은 자신의 생각을 언어로 선포하고 행동으로 실천함으로 한 국가의 운명을 바꾸어 놓았습니다. 패배할 수밖에 없었던 상황을 완전한 승리로 이끌어낸 것입니다.

> 다윗이 그 블레셋 사람을 죽이고 돌아올 때에 그 블레셋 사람의 머리가 그의 손에 있는 채 아브넬이 그를 사울 앞으로 인도하니 삼상 17:57.

다윗과 사울 왕은 똑같은 상황에서 다른 결과를 얻었습니다. 그 이유는 무엇이었을까요? 두 사람은 생각과 언어가 달랐고 행동이 달랐습니다.

그렇다면 무엇 때문에 다윗은 긍정적인 사람이 되었고, 사울 왕은 부정적인 사람이 되었을까요? 그 이유는 한 가지였습니다. 다윗은 사무엘 선지자로부터 기름부음을 받은 후에 하나님의 영이 임하는 것을 경험했지만 반대로 사울 왕은 하나님의 영이 떠나고 악령이 사울 왕을 번뇌하게 했기 때문입니다 삼상 16:14.

> 사무엘이 기름 뿔병을 가져다가 그의 형제 중에서 그에게 부었더니 이 날 이후로 다윗이 여호와의 영에게 크게 감동되니라 삼상 16:13.

다윗과 사울, 당신은 어떤 부류에 속한 사람입니까? 긍정적인 생각을 하십시오. 말을 할 때는 희망의 언어를 사용하십시오. 그리고 그 언어를 행동으로 나타내십시오. 긍정적인 언어로 선포하고 행동하면 그대로 이뤄주실 하나님을 믿으십시오. 하나님이 당신을 큰 기적의 주인공으로 삼아주실 것입니다.

06

문제를 뛰어넘는 힘

어떤 사람이 다윗이 한 말을 듣고 그것을 사울에게 전하였으므로 사울이 다윗을 부른지라 다윗이 사울에게 말하되 그로 말미암아 사람이 낙담하지 말 것이라 주의 종이 가서 저 블레셋 사람과 싸우리이다 하니 사울이 다윗에게 이르되 네가 가서 저 블레셋 사람과 싸울 수 없으리니 너는 소년이요 그는 어려서부터 용사임이니라 다윗이 사울에게 말하되 주의 종이 아버지의 양을 지킬 때에 사자나 곰이 와서 양 떼에서 새끼를 물어가면 내가 따라가서 그것을 치고 그 입에서 새끼를 건져내었고 그것이 일어나 나를 해하고자 하면 내가 그 수염을 잡고 그것을 쳐죽였나이다 주의 종이 사자와 곰도 쳤은즉 살아 계시는 하나님의 군대를 모욕한 이 할례 받지 않은 블레셋 사람이리이까 그가 그 짐승의 하나와 같이 되리이다 또 다윗이 이르되 여호와께서 나를 사자의 발톱과 곰의 발톱에서 건져내셨은즉 나를 이 블레셋 사람의 손에서도 건져내시리이다 사울이 다윗에게 이르되 가라 여호와께서 너와 함께 계시기를 원하노라 이에 사울이 자기 군복을 다윗에게 입히고 놋 투구를 그의 머리에 씌우고 또 그에게 갑옷을 입히매 다윗이 칼을 군복 위에 차고는 익숙하지 못하므로 시험적으로 걸어 보다가 사울에게 말하되 익숙하지 못하니 이것을 입고 가지 못하겠나이다 하고 곧 벗고 손에 막대기를 가지고 시내에서 매끄러운 돌 다섯을 골라서 자기 목자의 제구 곧 주머니에 넣고 손에 물매를 가지고 블레셋 사람에게로 나아가니라 삼상 17:31-40.

06

문제를 뛰어넘는 힘

삶을 살면서 가장 힘든 일 중에 하나는 자신이 처한 상황을 이겨 내는 것입니다. '개인의 삶에 찾아온 상황을 어떻게 이기며 살아 갈 수 있을까'라는 고민을 해결하는 것은 인생의 큰 과제 중 하나 입니다. 사람은 상황에 맞춰 바뀔 수밖에 없기 때문입니다.

인류 역사를 보면 자신의 상황을 스스로 이겨낸 사람들이 인생에서 승리하는 것을 확인할 수 있습니다. 여기 상황적 환경을 이기고 자신감 있게 일생을 산 사람을 한 명 소개하려고 합니다.

그는 바로 교회음악 작곡가 중 가장 뛰어난 요한 세바스티안 바흐Johann Sebastian Bach입니다. 바흐는 음악의 아버지라고 불리며, 음악가들은 모차르트의 아름다움도, 베토벤의 강함도, 슈베르트의 즐거움도 바흐의 영향을 받았다고 평가합니다.

바흐는 1685년, 독일의 튀링겐 주 아이제나흐Eisenach에서 태어났습니다. 바흐는 200년에 걸쳐 50명 이상의 음악가를 배출한 유럽 최대의 음악가계에서 태어났지만 9세 때 어머니, 10세 때 아버지를 잃었습니다. 또 결혼한 지 13년 만에 아내가 세상을 떠났습니다. 바흐에게는 자녀가 열세 명이 있었는데 그중 한 명은 정신박약이었습니다. 바흐는 노년에 앞을 보지 못할 정도로 눈이 어두워졌고 뇌출혈로 반신불수가 되었습니다.

이런 고통스러운 상황에서도 바흐는 계속해서 음악을 작곡했습니다. 그의 수많은 작품은 후세에도 영혼을 완전히 사로잡을 만큼 웅장하고 장엄하다고 평가되고 있습니다. 그의 찬양과 경배와 감사의 노래들은 최고의 명작이 되었습니다.

바흐가 작곡한 칸타타나 오라토리오의 대부분은 다윗의 시편을 주제로 하였습니다. 그리고 바흐는 교회음악이든 기악곡이든 작품의 첫머리에 'S.D.G.'Soli Deo Gloria, 오직 하나님의 영광을 위하여나 'J.J.'Jesu, Juva, 예수 그리스도의 도움으로라고 적었습니다. 바흐는 엄청난 고통 속에서도 좌절하지 않고 항상 긍정적인 믿음의 삶을 살았습니다. 더 나아가서는 하나님의 영광만을 위하여 살아간 믿음의 사람이었습니다. 바흐는 자신의 처절하고 불행한 환경을 동반자로 받아들여 더 좋은 기회로 바꾸었고, 고난을 하나님을 찬양하는 천상의 멜로디로 승화시켰습니다.

사람들은 누구나 절망적인 환경을 만나면 그 환경에서 탈출하려고 노력합니다. 하지만 모두가 그 환경을 탈출할 수 있는 것은 아닙니다. 그러면 어떻게 탈출할 수 있을까요? 성경은 한마디로 말씀하고 있습니다. "하나님의 능력으로 할 수 있다"는 것입니다.

어린 소년 다윗은 양을 치다가 아버지의 심부름으로 형들의 안부를 물으러 전쟁터로 갑니다. 세 명의 형들이 블레셋과의 전쟁에 참전했기 때문입니다. 전쟁터에서 다윗은 제일 큰형 엘리압을 만납니다. 다윗이 가서 보니까 블레셋의 장수 골리앗 때문에 이스라엘의 어떤 장수도 나가서 싸우려 하지 않는 상황이었습니다. 그러나 다윗 속에는 하나님이 계셨습니다. 하나님을 믿지 않는 골리앗이 이스라엘 군대를 위협하고 하나님을 조롱하자 다윗의 마음에 의로운 감정이 솟구쳤습니다. 다윗은 하나님의 능력을 믿고 나가서 골리앗과 싸우겠다고 말합니다. 하지만 이 이야기를 들은 큰형 엘리압은 화를 냅니다.

> 큰형 엘리압이 다윗이 사람들에게 하는 말을 들은지라 그가 다윗에게 노를 발하여 이르되 네가 어찌하여 이리로 내려왔느냐 들에 있는 양들을 누구에게 맡겼느냐 나는 네 교만과 네 마음의 완악함을 아노니 네가 전쟁을 구경하러 왔도다 삼상 17:28.

큰형은 전쟁터에 어린 막내 동생이 왔으면 동생을 먼저 걱정해야 하는데 양 걱정을 먼저 합니다. 그러나 다윗은 형의 꾸지람에 좌절하지 않았습니다.

한번은 사무엘 선지자가 하나님의 말씀에 따라 사울 왕을 대신할 새로운 왕을 세우기 위해서 이새의 집을 찾았습니다. 사무엘 선지자는 이새에게 아들들을 다 모으도록 청했습니다. 이새는 들에서 일하던 일곱 명의 아들을 모아서 사무엘 선지자 앞으로 한 사람씩 지나가게 했습니다. 사무엘이 보기에는 훌륭한 왕이 될 것 같은 아들들이 보이는데 하나님은 모두 아니라고 말씀하십니다. 사무엘이 이새에게 아들이 다 온 것이냐고 물었습니다. 그러자 이새는 아직 막내가 들에서 양을 치고 있다고 말합니다. 사무엘은 "막내를 데려와라. 그 전까지 나는 밥을 먹지 않고 기다리겠다"라고 말합니다.

> 또 사무엘이 이새에게 이르되 네 아들들이 다 여기 있느냐 이새가 이르되 아직 막내가 남았는데 그는 양을 지키나이다 사무엘이 이새에게 이르되 사람을 보내어 그를 데려오라 그가 여기 오기까지는 우리가 식사 자리에 앉지 아니하겠노라 삼상 16:11.

사무엘 선지자가 이새의 아들들을 다 모으게 한 상황에서도 다윗은 혼자 들에 있었다는 것에서 우리는 다윗이 아버지에게 인정을 받지 못했음을 짐작할 수 있습니다. 아버지의 부름에 들에 있던 다윗이 돌아왔습니다.

다윗은 아버지와 형제들에게도 인정받지 못했지만 하나님이 함께하신다는 믿음으로 일생을 살았습니다.

다윗이 블레셋 장수 골리앗과 싸우려 할 때 사울 왕도 '너는 소년이고 골리앗은 큰 장수이기 때문에 도저히 할 수 없다'라고 말합니다 삼상 17:33. 모두가 다윗을 인정하지 않는 상황이었지만 다윗은 단호하게 말합니다. "그렇지만 오늘 하나님이 나와 함께하십니다. 그러므로 나는 승리할 줄 믿습니다!"

믿음을 가지고 나간 다윗은 골리앗을 죽이고 목을 베어 이스라엘이 패할 수밖에 없는 상황을 승리로 바꾸었습니다. 다윗은 한 나라의 운명을 바꾸는 승리의 사람이 되었습니다.

다윗과 같은 상황은 오늘날 우리에게도 일어날 수 있습니다. 다윗이 하나님이 함께하신다는 마음으로 일어나서 전쟁에 승리한 것처럼 우리도 가정적인 환경, 형제간의 어려운 관계, 주변 사람들과의 관계, 경제적인 문제, 어떤 상황이라 할지라도 하나님 안에서 일어나 승리하는 삶을 살아야 합니다.

그러면 다윗은 어떻게 했을 때 승리했을까요?

다른 시각을 가진 사람

다윗이 바라본 현실의 상황은 골리앗에게 겁을 먹고 모두가 도망치고 있는 전쟁터의 어수선한 상황입니다. 사울 왕과 형들과 군인들은 한결같이 다윗에게 골리앗 앞에 나갈 수 없다고 말합니다. 사울 왕은 다윗의 겉모습을 보고 다윗이 패배할 수밖에 없다고 판단했습니다. 그러나 다윗은 똑같은 상황에서 하나님이 함께하시는 승리를 말합니다.

이미 패배감으로 가득 차 있는 사울 왕에게 다윗은 이렇게 얘기합니다. "왕이여, 왕 속에 있는 패배감을 먼저 지우세요." 다윗과 사울은 상황을 바라보는 시각이 달랐습니다.

> 다윗이 사울에게 말하되 그로 말미암아 사람이 낙담하지 말 것이라
>
> 삼상 17:32.

다윗은 사울 왕에게 속에 있는 패배감부터 없애라고 말합니다. 사울은 거대한 골리앗을 보고 낙담하지만 다윗은 능력의 하나님을 바라보고 승리할 수 있다고 말합니다. 왜 같은 것을 바라보는 두 사람의 시선이 이렇게 다를까요? 사울은 사람의 눈으로 상황을 판단했고, 다윗은 사람의 눈에 믿음의 렌즈를 끼웠기 때문입니다. 다윗은 하나님의 능력으로 상황을 새롭게 보게 되었습니다.

참으로 신기한 것은 하나님의 세계는 믿음이라는 렌즈를 끼워야만 보인다는 것입니다. 사람의 눈으로는 자신의 느낌, 감각과 능력대로 판단할 수밖에 없지만 믿음이라는 렌즈를 끼우면 희망이 보이고 하나님의 세계가 보입니다. 다윗이 골리앗을 이길 수 있다고 자신 있게 말할 수 있었던 것은 눈에 믿음의 렌즈를 끼웠기 때문입니다. 믿음의 렌즈를 끼우고 새로운 세계를 보니 더 이상 골리앗의 큰 덩치가 두렵지 않았습니다.

어떤 관점으로 사물을 바라보느냐는 매우 중요합니다. 그런데 사람들은 대개 자신의 관점과 생각으로만 세상을 바라봅니다.

어떤 사람이 익숙치 않은 장소에서 길을 찾고 있었습니다. 그 사람은 지나가는 두 사람에게 "여기에 가까운 교회가 어디 있나요?"라고 물어봅니다. 한 사람은 "이곳을 돌아가면 사거리가 나오는데 거기 슈퍼마켓 골목으로 들어가면 교회가 있어요"라고 말합니다. 혹 미심쩍어서 옆에 있는 사람에게 다시 물어봅니다. 그 사람은 "여길 돌아가면 사거리가 있는데 거기에 약국이 있어요. 그 약국 옆으로 들어가면 교회가 있어요"라고 말합니다. 똑같은 곳을 가르쳐주는데 한 사람은 슈퍼마켓을 말하고 한 사람은 약국을 말하는 것이 이상해서 물어봤더니, 한 사람은 슈퍼마켓 주인이고 한 사람은 약국 주인이었다고 합니다.

사람은 다 자기의 관점으로만 상황을 보려고 합니다. 하지만 성경은 내 관점이 아니라 하나님의 관점으로 보라고 말합니다. 이것이 믿음의 눈입니다.

성경에 보면 이스라엘 백성들이 애굽에 있을 때 하나님이 약속의 땅인 가나안을 보여주십니다. 가나안 지경에 이르러 모세는 먼저 이스라엘의 열두 지파 가운데 그 지파를 대표하는 한 사람씩을 뽑아 40일 동안 가나안 땅을 정탐하게 합니다. 가나안 땅을 정탐하고 돌아온 정탐꾼들은 백성들 앞에서 정탐한 결과를 보고합니다. 정탐꾼 중에 열 명은 결단코 그 땅에 들어갈 수 없다고 말했습니다. 그 땅은 기름지고 아름다운 땅이지만 이스라엘 민족보다 강하고 큰 민족이 벌써 살고 있었기 때문입니다.

> 이스라엘 자손 앞에서 그 정탐한 땅을 악평하여 이르되 우리가 두루 다니며 정탐한 땅은 그 거주민을 삼키는 땅이요 거기서 본 모든 백성은 신장이 장대한 자들이며 민 13:32.

그런데 단 두 사람, 여호수아와 갈렙만은 그 땅이 하나님이 말씀하신 약속의 땅이라고 말하며 비록 큰 민족이 살고 있지만 하나님이 도우시면 능히 그 땅을 얻을 수 있다고 말합니다. 두 사람은 다른 열 사람과 똑같은 것을 보았지만 완전히 상반된 보고를 했습니다.

> 여호와께서 우리를 기뻐하시면 우리를 그 땅으로 인도하여 들이시고 그 땅을 우리에게 주시리라 이는 과연 젖과 꿀이 흐르는 땅이니라 민 14:8.

여호수아와 갈렙은 어떻게 다른 열 명과 다르게 이야기할 수 있었을까요? 그것은 바로 상황을 바라보는 시각의 차이 때문입니다. 열 명의 정탐꾼들은 430년 동안 노예로 생활하던 억압된 자신의 관점으로 가나안을 관찰했습니다. 그러나 여호수아와 갈렙은 사람의 관점을 내려놓고 하나님의 관점으로 가나안 땅을 바라보았습니다. 자신의 시각으로 바라보았던 열 명은 부정적인 말을 할 수밖에 없었지만 하나님의 시각으로 바라본 여호수아와 갈렙은 희망을 선포할 수 있었습니다. 결국 열 명의 정탐꾼은 광야에서 다 죽었고 여호수아와 갈렙만 믿음대로 가나안 땅에 들어갈 수 있었습니다. 성경은 여호수아와 갈렙이 '다른 사람들과 달랐다'고 분명하게 말씀합니다.

> 그러나 내 종 갈렙은 그 마음이 그들과 달라서 나를 온전히 따랐은즉 그가 갔던 땅으로 내가 그를 인도하여 들이리니 그의 자손이 그 땅을 차지하리라 민 14:24.

여호수아와 갈렙은 그 마음이 다른 열 명과 달랐습니다. '달라서'라는 말은 완전히 같지 않다는 것을 뜻합니다. 열두 명은 모두 같은 곳을 보았지만, 믿음의 렌즈를 끼고 본 사람과 사람의 시각으로 본 사람의 결과는 너무나 달랐습니다.

관점의 차이를 설명할 때 가장 많이 드는 예화가 있습니다.

컵에 물이 반 정도 있습니다. 어떤 사람은 이 컵을 보고 "물이 반 밖에 안 남았네"라고 말합니다. 또 어떤 사람은 "물이 반이나 남았네"라고 말합니다.

똑같은 컵을 보고 있지만 어떤 관점에서 보느냐에 따라 서로 다른 대답이 나오게 됩니다. 컵도 같고 현실도 같았습니다. 하지만 사람에 따라 사물을 바라보는 관점이 달랐습니다. 사물을 바라볼 때는 긍정적인 관점으로 바라볼 수도 있고 부정적인 관점으로 바라볼 수도 있습니다. 어떻게 바라보느냐는 개인의 자유입니다. 그러나 놀라운 것은 오늘 어떤 관점으로 바라보느냐에 따라 내일의 열매가 결정된다는 사실입니다.

은혜 충만이라는 말을 자주 합니다. '은혜'라는 말은 원어로 헤세드chesed라고 하며 '불변의 사랑'을 나타냅니다. 우리는 하나님의 변하지 않는 사랑이 나에게 임할 때 "은혜를 받았다"라고 말합니다.

신앙생활은 바라보는 것입니다. 보는 사람의 관점에 따라 긍정적으로 바라볼 수도 있고 부정적으로 바라볼 수도 있습니다. 그러나 은혜를 받으면 보는 관점이 달라집니다. 하나님의 자비와 사랑이 내 안에 들어와 믿음의 렌즈로 세상을 보기 시작하면 마음이 바뀝니다. 눈으로 바라보지만 관점을 컨트롤하는 것은 마음이기 때문입니다.

그렇다면 보는 것은 왜 중요할까요? 사람은 본 대로 말을 하고 본 대로 행동합니다. 결국은 본 대로 결과가 나타납니다. 사람마다 보는 관점은 다 다릅니다. 하나님 안에서 희망을 보는 사람은 희망대로 됩니다. 그러므로 하나님 안에서 좋은 것을 꿈꾸고 좋은 것을 바라보아야 합니다.

병원의 의사들이 말하기를 똑같은 질병을 가진 환자인데도 빨리 낫는 사람이 있고 점점 악화되는 사람이 있다고 합니다. 질병을 바라보는 관점에 따라 몸이 다르게 반응을 한다는 것입니다. 당신은 하나님과 동행하고 계십니까? 그렇다면 믿음의 렌즈를 착용하십시오. 새로운 세계가 보일 것입니다.

다윗과 사울 왕은 똑같은 상황에 있었습니다. 하지만 같은 상황을 사울 왕은 자신의 관점으로 바라보고 비관적으로 판단했지만 다윗은 하나님의 관점으로 봅니다. 사울은 절망을 보았고 다윗은 희망을 보았습니다. 하나님은 다윗이 믿음으로 본 대로 이뤄주셨습니다.

열등감을 이겨 내는 사람

인생에서 제일 중요한 일은 자기 자신을 이기는 것입니다. 다른 사람과 비교를 해서 자기가 남들보다 뒤떨어지고 능력도 없고 부족하다는 의식 속에 사로잡히는 것을 열등감이라고 합니다. 열등감에 빠지고 나면 자기 자신을 무능하고 가치가 없다고 평가하며 부정적으로 생각하게 됩니다. 열등감은 곰팡이처럼 자기 자신을 좀먹으며 서서히 퍼져 나갑니다. 그래서 방치하면 스스로 패배하는 길을 선택하게 만듭니다. 사람은 누구나 열등감을 가지고 살아갑니다. 그러나 이 열등감을 이길 수 있는 능력이 필요합니다.

그러면 열등감을 이길 수 있는 능력은 어떻게 생기는 걸까요? 열등감은 사람의 힘으로는 극복하기 힘듭니다. 하지만 내게 능력 주시는 하나님이 내 속에 들어오시면 열등감이 떠나갑니다.

다윗은 가족들로부터 인정을 받지 못하고 자랐습니다. 전쟁터에서도 누구 하나 다윗을 인정해주는 사람이 없었습니다. 그럼에도 불구하고 다윗은 하나님이 함께하신다는 믿음으로 열등감을 이겨냈습니다.

역사상 많은 인물들이 꿈을 성취하는 과정을 보면, 어려운 환경을 이겨 내는 이야기가 많습니다. 험난한 환경을 뛰어넘는 과정은 마치 겨울철의 보리를 보는 것 같습니다. 겨울철에는 보리를 자꾸 밟아줍니다. 보리를 밟을수록 땅에 깊게 뿌리내리기 때문입니다. 뿌리를 깊게 내려야만 추운 겨울에도 얼지 않습니다.

새로운 열매를 맺기 위해서는 뿌리부터 고난을 이겨 내야 합니다. 우리의 삶에 누군가가, 또는 환경이 나를 짓밟는다 할지라도 믿음의 뿌리를 깊게 내려야만 합니다. 때가 되면 놀라운 꽃이 필 것이고 그 꽃에는 아름다운 열매가 맺힐 것입니다.

독일의 이론 물리학자인 알버트 아인슈타인Albert Einstein은 1921년, 노벨 물리학상을 받습니다. 이런 아인슈타인도 열 살 때 교장선생님으로부터 "너는 절대 제대로 못 자랄 아이다"라는 저주스러운 말을 들었다고 합니다. 특허를 1,000개 이상 가지고 있는 미국의 발명가인 토마스 에디슨Thomas Alva Edison은 전기를 발명해서 인류 문명의 발달에 크게 기여한 사람입니다. 하지만 이런 에디슨도 어린 시절에 선생님으로부터 "너 같은 바보는 학교에서 가르칠 수 없다"라는 말을 들으며 집으로 돌려보내졌다고 합니다.

세계적인 작곡가인 루트비히 판 베토벤Ludwig van Beethoven도 어려서는 선생님에게 "너는 작곡가로서 전혀 기질이 없다"라는 말을 들었습니다. 세계적인 만화가이자 영화제작자인 월트 디즈니Walter Elias Disney는 사람들에게 "창의적인 소질이 전혀 없다"라는 평가를 받았습니다.

애플을 설립한 스티브 잡스Steven Paul Jobs는 IT업계에 새바람을 일으킨 사람입니다. 하지만 애플을 설립하기 전, 휴렛패커드 Hewlett-Packard Company라는 회사에 입사원서를 냈을 때 인사담당자가 스티브 잡스에게 "우리는 당신같이 실력 없는 사람은 쓸 수가 없다"고 말했다고 합니다.

이처럼 성공한 사람들은 남들의 시선이나 평가에 구애받지 않고, 열등감에 빠지지도 않았습니다. 자신의 꿈을 실현할 때까지 긍정적인 삶을 살았습니다. 불가능한 일을 가능하다고 믿었습니다. 그 결과 다른 사람들이 생각하지 못했던 놀라운 일들을 이루어냈습니다. 이 사람들은 외부의 환경이 어떠하든지 하나님 안에서 새로운 꿈을 가진 사람들이었습니다.

세계적인 리더십 강사인 데일 카네기 Dale Breckenridge Carnegie라는 사람이 있었습니다. 데일 카네기의 방에는 그림이 하나 걸려있었다고 합니다. 커다란 나룻배가 모래사장에 비스듬히 얹혀있는 바닷가의 그림입니다. 배는 물이 있어야만 균형을 잡고 항해를 할 수 있는데 그림 속의 바다는 물이 없었기 때문에 배가 옆으로 쓰러져 있을 수밖에 없었습니다. 그런데 그림 밑에는 이런 글귀가 쓰여져 있다고 합니다. '반드시 밀물은 밀려온다.' 때가 되면 물이 없는 바닷가에도 반드시 물이 밀려온다는 것입니다. 이

글귀는 카네기의 마음을 움직였습니다.

주간 매거진에 퍼시스Fursys라는 가구회사 회장의 기사가 실렸습니다. 퍼시스는 가구furniture와 시스템system을 합친 새로운 개념의 가구를 만드는 회사로서 90년대에 설립되어 굉장한 성장을 이루었습니다. 기사에는 회장의 열 가지 자기 신조가 적혀 있는 메모가 실렸는데, 그 열 가지 중에 한 가지가 마음을 뭉클하게 했습니다. 그 문구는 '날이 가면 달은 기운다'라는 글입니다.

남자들이 군대에 가서 위안을 삼는 것이 무엇인지 아십니까? '국방부 시계는 돌아간다'라는 말입니다. 누구의 인생이든 좋은 때만 있는 것은 아닙니다. 힘든 때도 있습니다. 그러나 그 고난을 이길 수 있는 믿음이 필요합니다.

사울 왕은 골리앗보다 현저히 작고 어린 다윗에게 "너는 골리앗과 싸울 수 없다"라고 말합니다. 그러나 다윗은 말합니다. "살아계신 하나님이 나와 함께하십니다. 그러므로 나는 이길 수 있습니다."

> 주의 종이 사자와 곰도 쳤은즉 살아 계시는 하나님의 군대를 모욕한 이 할례 받지 않은 블레셋 사람이리이까 그가 그 짐승의 하나와 같이 되리이다 삼상 17:36.

다윗은 하나님이 함께하셔서 곰과 사자도 이겼듯이 골리앗도 그 짐승들과 같이 만들어버릴 것이라고 믿었습니다. 우리는 누구나 자신만의 열등감을 안고 살아갑니다. 그러나 하나님이 함께하심으로 그 열등감을 이겨 낼 수 있습니다.

현재의 신앙을 가진 사람

우리는 과거, 현재, 미래의 시간 속에 살아갑니다. 과거는 지나간 시간이며 현재는 내가 살고 있는 시간이고 미래는 앞으로 다가올 시간입니다. 다윗은 과거에 다윗과 함께하셨던 하나님이 지금도 함께하신다고 말합니다. 또한 미래의 시간에도 하나님이 함께하시니 골리앗을 능히 이길 수 있다고 믿었습니다.

미래는 오늘이 있어야 만들어집니다. 오늘 나와 함께하시는 하나님이 계셔야만 미래에도 함께하실 하나님이 계시는 것입니다. 다윗은 "양을 치고 있을 때 곰이 와서 새끼를 훔쳐가면 맹수를 무찌르고 양을 건졌듯이 하나님께서는 지금 골리앗과의 싸움에서도 이기게 해주실 줄 믿습니다"라고 고백합니다. 다윗은 하나님이 과거에만 함께하셨던 것이 아니라 지금도 함께하시고 미래에도 오늘 믿음으로 선포한 대로 함께하신다고 믿었습니다.

미래는 현재에 내가 무슨 씨앗을 심느냐에 따라 달라집니다. 오늘 콩을 심으면 미래에는 콩이 납니다. 오늘 팥을 심으면 미래에 팥이 납니다. 다윗은 지금 현재 하나님이 나와 함께하신다는 분명한 신앙을 가지고 살았습니다.

사람들은 때로 과거에 집착합니다. '내가 과거에는 어떤 사람이었는데….' 하지만 그것보다 더 중요한 것은 오늘 내가 어떤 믿음을 가지고 살아가느냐 하는 것입니다. 우리는 지나간 과거의 신앙생활을 돌이켜보며 '예전에는 참 은혜 충만한 사람이었는데…'라고 말할 때가 많습니다. 과거에 은혜를 주셨던 하나님이라면 지금도 함께하실 줄 믿으십시오. 또 하나님이 이전에 축복하셨다면 지금도 축복해 주실 것을 믿으십시오. 왜 과거의 하나님은 믿으면서 지금의 하나님을 믿지 못합니까? 현재, 이 시간에 하나님이 나와 함께하심을 믿으십시오. 그러면 더 놀라운 일들이 일어날 것입니다.

> 또 다윗이 이르되 여호와께서 나를 사자의 발톱과 곰의 발톱에서 건져내셨은즉 나를 이 블레셋 사람의 손에서도 건져내시리이다 사울이 다윗에게 이르되 가라 여호와께서 너와 함께 계시기를 원하노라 삼상 17:37.

다윗이 지금 하나님이 함께하신다고 확신 있게 얘기하자 사울 왕도 다윗에게 "가라"고 말합니다. 과거에 함께하셨던 하나님이 지금도 다윗과 함께하실 줄 믿는다는 것입니다.

우리는 과거에도, 지금도 함께하시는 하나님을 믿어야 합니다. 그 하나님이 오늘도 우리를 이끌어 주실 것입니다. 그러므로 우리의 입술은 "그때가 좋았어"가 아니라 "지금이 더 좋아"라고 고백해야 합니다. 더 나아가 미래를 향해서 "더 좋아질 거야"라고 고백해야 합니다.

과거에 좋았던 것으로 끝나면 안 됩니다. 지금은 더 좋고, 미래는 더 좋아질 거라는 고백을 하며 살아야 합니다. 과거에 머무르지 말고 우리의 시각을 하나님을 향한 믿음으로 바꾸고 열등감을 이겨 내십시오. 지금 하나님이 나와 함께하심을 믿음으로 놀라운 미래의 승리를 누릴 수 있기를 소원합니다.

07

내 잔이 넘치나이다

여호와는 나의 목자시니 내게 부족함이 없으리로다 그가 나를 푸른 풀밭에 누이시며 쉴 만한 물 가로 인도하시는도다 내 영혼을 소생시키시고 자기 이름을 위하여 의의 길로 인도하시는도다 내가 사망의 음침한 골짜기로 다닐지라도 해를 두려워하지 않을 것은 주께서 나와 함께하심이라 주의 지팡이와 막대기가 나를 안위하시나이다 주께서 내 원수의 목전에서 내게 상을 차려 주시고 기름을 내 머리에 부으셨으니 내 잔이 넘치나이다 내 평생에 선하심과 인자하심이 반드시 나를 따르리니 내가 여호와의 집에 영원히 살리로다 시편 23:1~6

07
내 잔이 넘치나이다

다윗은 어린 목동이었지만 블레셋과의 전투에서 골리앗을 물리침으로 두각을 나타내게 됩니다. 당시 이스라엘의 왕은 사울이었는데, 다윗이 골리앗을 물리치자 백성들로부터 인기가 높아집니다. 그러자 사울 왕은 다윗을 시기하여 죽이려고 합니다. 다윗은 할 수 없이 도망자의 길을 택하게 됩니다. 그래서 다윗은 늘 죽음을 가까이 하고 살았습니다. 그런데도 다윗은 '내 잔이 넘치나이다'라는 위대한 고백을 합니다.

> 주께서 내 원수의 목전에서 내게 상을 차려 주시고 기름을 내 머리에 부으셨으니 내 잔이 넘치나이다 시 23:5.

여기서 내 잔이라는 말은 원어로 '코스'라고 하는데, 이 단어는 컵과 그릇을 뜻합니다. 다윗이 '내 인생의 그릇에 하나님이 채워주신 것이 넘치도록 많다'고 고백하고 있는 것입니다. 다윗은 단순히 원수들의 위협에서 벗어나 목숨을 건진 것만이 아니라, 자신이 하나님의 엄청난 축복 가운데 있다고 고백합니다.

다윗은 이스라엘 역사상 가장 큰 번영을 누렸던 왕이라고 할 수 있습니다. 다윗 왕은 이스라엘을 괴롭혔던 블레셋, 암몬, 모압 등 이방 나라들을 완전히 제압합니다. 그리고 주변 나라들로부터 조공을 받기 시작합니다. 다윗의 명성이 온 땅에 미칠 만큼 축복의 주인공으로 자리매김하게 된 것입니다.

이처럼 엄청난 축복과 명성을 얻게 된 다윗은 그동안 자신에게 주어진 것들과 자신이 누린 모든 것이 하나님이 베풀어주신 축복임을 알고 하나님으로 인해서 자신의 삶의 잔이 넘쳐난다는 고백을 하고 있는 것입니다.

다윗은 도저히 빛이라고는 보이지 않는 절망적인 현실이 하나님의 도우심으로 복된 현실로 바뀌었음을 고백하고 있습니다.

그러면 다윗에게 채워진 하나님의 은혜는 다윗이 어떤 삶을 살았기에 주어진 것일까요?

하나님과의 관계가 형성된 사람

다윗은 양을 치는 목동이었습니다. 그래서 다윗은 실제로 자신의 양을 푸른 초장과 맑은 시냇가로 인도하면서 느꼈던 것들을 삶의 현장을 통하여 많은 시詩로 기록하였습니다.

양에게 가장 중요한 것은 무엇일까요? 바로 목자입니다. 목자와 양에게는 인도하는 목자와 양육받는 양의 분명한 관계가 형성되어야 합니다. 이처럼 하나님과 우리들도 목자와 양의 관계처럼 인도자되신 하나님께 양육받고 보호받는 관계가 될 때 하나님께서 주시는 축복의 잔이 넘치는 삶을 살 수 있음을 의미합니다. 하나님을 목자로 삼고 그 관계 속에서 그의 인도하심에 따르는 사람은 하나님이 다윗에게 주셨던 놀라운 은혜를 경험하며 살 수 있다는 것입니다.

양에게 목자가 왜 중요합니까? 양은 우둔해서 옳고 그름을 잘 구별하지 못하고, 제멋대로 나아가려는 습성을 가지고 있기 때문입니다. 양은 방향 감각이 없습니다. 자기들끼리 놔두면 어디가 동쪽이고 서쪽인지, 어디에 무엇이 있는지 알지 못합니다. 양은 시력이 안 좋습니다. 먼 거리를 볼 수 없어서 자기 앞에 있는 양의 꽁무니만 졸졸 따라다닙니다.

또 양은 무력한 동물입니다. 대부분의 동물들은 자기를 보호할 수 있는 신체적인 구조를 가지고 있습니다. 그러나 양은 자기 스스로를 보호할 수 있는 능력이 아무것도 없으며 잘 속고, 한 번 넘어지면 잘 일어나지 못합니다. 양은 또한 굉장히 이기적이고 제멋대로 살아가려고 합니다.

양은 더러움에 쉽게 오염됩니다. 양털은 다른 짐승들과 달리 더러움에 쉽게 오염되어서 썩는 경우가 많습니다. 자기 스스로를 소독할 수 있는 힘이 없고, 움직이는 것을 싫어해 자꾸 누워 있으려고만 합니다. 그런데 움직이지 않으면 창자가 빨리 썩습니다. 양의 이런 특성 때문에 목자가 절대적으로 필요합니다. 누구를 따라가느냐, 무엇을 따라가느냐가 굉장히 중요합니다.

우리의 인생도 양들과 다르지 않습니다. 양들에게 방향 감각이 없는 것처럼 우리도 어디가 바른 길이고 어디가 생명의 길인지 알 수 없습니다. 결국 방황하고 맙니다. 양이 무력하듯 우리의 인생도 너무나 무력합니다. 우리는 우리를 스스로 보호할 능력과 힘이 없습니다. 우리 주변에서 하루아침에 무너져 버리는 수많은 사람들을 봅니다. 우리도 양들처럼 더러움에 쉽게 오염될 수 있습니다. 주일에 와서 예배를 드리면 마지막 축도가 끝나기 전까지는 누구나 다 '믿음으로 살아야지'라는 결정을 합니다. 그런데 축도가 끝나고 식당에 내려가는 순간 결심을 다 잊어버립니다.

우리들은 다 양 같은 존재입니다. 그러므로 우리에게는 목자가 절대적으로 필요합니다. 우리가 바른 인생을 살고 세상 속에서 영혼을 정결히 지키며 죄를 씻어 깨끗하게 되기 위해서는 목자가 반드시 필요합니다.

다윗은 양에게 목자가 얼마나 중요하고 소중한 존재인가를 자기의 삶 속에서 깊이 체험했습니다. 그렇기 때문에 '여호와는 나의 목자'라는 고백이 자연스럽게 나올 수 있는 것입니다. 하나님에 대한 절대적인 의존과 신뢰를 목자와 양에 비유하여 노래한 것입니다.

> 여호와는 나의 목자시니 내게 부족함이 없으리로다 시 23:1.

'여호와'는 이스라엘의 하나님을 나타내는 고유명사 중의 하나입니다. 여호와라는 이름은 '하나님이 당신의 백성을 선택하셔서 언약을 맺으셨고 그 언약을 신실하게 지키시는 분'이라는 뜻입니다. 그래서 하나님과의 인격적인 관계를 형성할 때 '여호와'

라는 단어를 사용합니다.

실제로 고대 근동의 목축 현장에서는 양이 목자를 따르지 않아서 사나운 맹수들에게 물어 뜯겨 처참하게 죽든지, 길 잃고 방황하다가 뜨거운 광야에서 기진해 죽는 경우가 많다고 합니다. 그러므로 하나님이 세상에 있는 당신의 백성들을 돌보시는 것은, 목자가 양을 돌보는 것 같이 자기 백성을 사자나 곰보다 무서우며 잔인하고 험악한 세상에서 지켜주시고 복된 길로 인도하시는 것입니다.

다윗은 철저한 자신의 체험을 통해 삶 속에서 어떤 어려움과 열악한 환경에 놓여있을지라도 하나님을 목자로 인정하면 목자 되시는 하나님이 나를 좋은 길로, 아름다운 길로, 복된 길로 인도하실 것이라고 고백하는 것입니다.

그러면 오늘을 살고 있는 우리는 어떻게 하나님을 인정할 수 있을까요? 하나님과 나는 어떤 관계인지, 정말로 내가 내 생명마저 온전히 맡길 수 있는 목자와 양의 관계인지 스스로 생각해보아야 합니다.

다윗이 목자와 양의 관계를 설명했다면, 예수님이 오신 이후에는 하나님과의 관계를 아버지와 자녀의 관계로 설명합니다. 하나님은 우리를 하나님의 자녀라고 말씀하십니다.

> 영접하는 자 곧 그 이름을 믿는 자들에게는 하나님의 자녀가 되는 권세를 주셨으니 요 1:12.

권세는 권리와 통치력, 그리고 어떤 행동을 할 수 있는 능력을 말합니다. 우리가 하나님의 능력, 권리를 받을 수 있는 자녀가 되었다는 것을 뜻합니다.

> 이는 혈통으로나 육정으로나 사람의 뜻으로 나지 아니하고 오직 하나님께로부터 난 자들이니라 요 1:13.

이 말씀은 하나님으로부터의 철저한 보호와 인도하심을 받을 수 있는 분명하고 명확한 권리를 밝히고 있습니다. 예수 그리스도를 믿는 순간 하나님은 우리의 부모님이 되어 주시고, 우리는 하나님을 아버지라고 부를 수 있게 됩니다.

오늘 우리는 하나님과 어떤 관계가 있습니까? 다윗은 자신을 목자처럼 이끌어주시는 하나님을 신뢰했기 때문에 자신의 잔이 넘쳐난다고 고백합니다. 그러므로 우리도 목자 되시는 하나님, 영적 부모가 되시는 하나님을 따를 수 있는 믿음을 가져야 합니다. 당신의 믿음의 영적 등본을 확인해보십시오. 혹시 형식적으로 기재되어 있지는 않습니까? 영적 등본이 진정으로 기재되어 있는지를 확인하는 점검이 필요합니다.

오늘 당신의 목자는 누구입니까? 누구를 따라가야 합니까? 하나님을 우리의 목자로 모시고 그 목자의 인도를 잘 따르기만 한다면 우리의 삶은 다윗의 고백처럼 언제나 넘치는 삶으로 채워질 것입니다.

관계의 분명한 확신이 있는 사람

다윗은 자신과 하나님과의 관계에 있어서 너무나도 분명한 확신을 가졌습니다. 다윗은 '하나님이 나의 목자가 되시기 때문에 부족함이 없다. 하나님은 나를 푸른 풀밭과 쉴만한 물가로 인도하시고 의의 길로 인도하시고 원수도 이기게 하셔서 내 인생의 잔을 넘치도록 채워주신다'고 고백합니다. '넘치다'라는 말에는 하나님의 인도하시는 삶이 가장 완벽하다는 고백이 들어 있습니다.

목자에 대한 확신이 있으면 내 판단이 아닌 목자가 이끄는 방향으로 갈 수가 있습니다. 우리는 우리를 가장 완벽한 길로 인도하시는 목자 되신 하나님에 대한 절대적인 신뢰가 필요합니다.

다윗은 오랜 시간 동안 고난의 세월을 보냈지만 분명한 믿음이 있었습니다. 하나님이 나를 이끄신다는 분명한 신앙의 확신을 가지고 있었습니다. 결국 하나님은 하나님을 잃어버린 사울을 대신하여 다윗을 이스라엘의 2대 왕으로 세우셨습니다. 그러므로 우리도 다윗처럼 하나님을 확신 있게 믿고 그분이 이끄시는 곳으로 따라가는 것이 중요합니다.

기독교 역사에는 수많은 순교자들이 있습니다. 그중 기원후 4세기에 크리소스토무스Johannes Chrisostomus라는 교부가 있었습니다. 이때는 로마 황제를 숭배할 때인데, 이 크리소스토무스는 황제를 거역하고 예수를 믿다가 처형을 당합니다.

당시 로마의 아르카디우스 황제는 크리소스토무스에게 예수를 부인하지 않으면 추방하겠다고 협박합니다. 크리소스토무스가 황제에게 대답합니다. "폐하, 이 재판장에서 추방하실 수 있을지 몰라도 저희 집에서 추방하는 것은 불가능합니다. 왜냐하면 전 세계 모든 곳이 아버지의 집이기 때문입니다."

화가 난 황제가 "너의 전 재산을 몰수해버리겠다"라고 말하자 크리소스토무스가 대답했습니다. "저의 보화는 하늘에 있습니다. 이 땅에 있는 것은 모조품에 불과하니 마음대로 하셔도 좋습니다."

더 화가 난 황제가 "너의 친구와 가족 모두를 격리시켜서 너를 고독하게 만들겠다"라고 말했습니다. 그러자 크리소스토무스가 또 대답했습니다. "황제여, 저에게는 모든 사람이 떠나가도 가장 좋은 친구인 예수님이 함께 있습니다. 그러므로 나는 예수님을 절대로 놓을 수가 없습니다."

결국 그는 사형에 처해졌습니다. 그는 마지막에 "황제여 저는 두렵지 않습니다. 저의 생명은 예수님과 함께 가기 때문입니다"라고 말했습니다.

진정한 믿음은 나의 생명과 바꿀 수 있는 하나님이 나와 함께 하신다는 확신을 갖는 것입니다. 생명과도 바꿀 수 있는 믿음을 가져야 합니다. 하나님이 나의 목자 되셔서 인도하신다는 그 확신이 있어야 합니다.

하나님의 기름 부음을 받은 사람

다윗은 '내 잔이 넘치는 것은 하나님이 내 머리에 기름을 부어주셨기 때문'이라고 말합니다.

> 주께서 내 원수의 목전에서 내게 상을 차려 주시고 기름을 내 머리에 부으셨으니 내 잔이 넘치나이다 시 23:5.

여기서 말하는 기름은 당시의 향유, 감람유를 의미합니다. 고대 근동에서는 자신의 집을 방문한 귀한 손님의 머리에 값비싼 기름을 발라주는 풍속이 있었습니다. 보통 기름은 종들이 와서 발라줍니다. 그런데 여기서 다윗은 '하나님이 나의 머리에 기름을 부으셨다'라고 말합니다. 이것은 하나님이 친히 다윗을 존귀하고 귀중한 자로 세우셨다는 뜻입니다.

또, 다윗은 '하나님이 기름을 부어주셨다'고 말했습니다. 기름을 바르는 것을 넘어 부었다는 것은 만족하게 하셨다는 뜻입니다. 하나님은 다윗을 매우 존귀하게 하셨고 다윗에게 만족감을 채워주셨습니다. 하나님이 다윗을 존귀케 하심으로 다윗의 인생의 잔이 넘치는 삶이 되었음을 고백합니다.

그러면 하나님이 다윗에게 기름을 부으시면서 존귀케 하신 이유는 무엇일까요? 그것은 다윗이 언제나 하나님을 먼저 존귀케 했기 때문입니다.

다윗은 어떤 상황에서도 하나님을 먼저 생각했습니다. 어린 시절 다윗은 골리앗을 만나 전쟁을 합니다. 싸우러 나갈 때도 다윗은 "너는 칼과 창과 단창으로 내게 나아 오거니와 나는 만군의 여호와의 이름 곧 네가 모욕하는 이스라엘 군대의 하나님의 이름으로 네게 나아가노라"라고 말합니다 삼상 17:45.

또 다윗이 사울 왕에게서 도망을 다니면서 사울 왕을 죽일 기회가 여러 번 있었지만 다윗은 그를 죽이지 않습니다. 심지어는 다윗의 부하 아비새가 칼을 가지고 치면 사울을 죽일 수 있을 만큼 가까이 있었던 상황이 있었는데도 그를 죽이지 말라고 합니다. 사울 왕도 하나님이 세운 사람이기 때문에 그를 치면 하나님을 욕되게 하는 것이기 때문입니다삼상 26:9.

어떤 상황에서도 하나님을 높이십시오. 하나님이 당신을 높이실 것입니다. 지금은 내 판단과 내 계획과 내 뜻대로 하나님보다 내가 높아지면 좋을 것 같지만 그렇지 않습니다. 하나님을 무시하면 하나님도 당신의 삶을 무시하십니다. 당신이 하나님을 높이면 하나님은 당신의 인생을 더욱 높이실 것입니다. 이것이 성경의 원리입니다. 어떤 상황에서도 하나님을 높일 수 있는 믿음의 결단이 필요합니다.

프랑스의 미술 전문잡지인 《일리지옹》*Illusion*에 한 중세 귀부인이 화장하는 그림이 실려 있었습니다. 그 부인은 아주 화려한 옷을 입고 온갖 치장을 한 채로 거울을 보고 있습니다. 그런데 거울에 비춰진 그녀의 얼굴은 흉측합니다. 아무리 화장을 해도 흉측한 얼굴은 감출 수가 없었습니다. 이 그림의 의미는 사람은 겉모습을 아무리 위장해도 자신의 내면에 있는 거짓된 삶은 속일 수 없음을 일러주는 것입니다.

사회학자인 토니 캠폴로Anthony Tony Campolo는 이렇게 말합니다. "모든 인간은 죽음 앞에 섰을 때 이루지 못한 업적을 바라보며 후회하지 않는다. 그러나 바르게 살지 못했음을 반드시 후회한다."

인간은 죽음이 다가오면 본능적으로 하나님의 심판이 있다는 것을 느낀다고 합니다. 죽음이 멀다고 느낄 때는 마음에 다가오지 않다가 죽음이 서서히 다가올수록 살아온 삶에 대한 하나님의 심판을 자기 스스로 느낀다는 것입니다.

오늘 당신은 어떤 삶을 살고 있습니까? 성경에는 두 종류의 사람이 나타납니다. 복받은 사람과 버림받은 사람입니다. 복받은 사람들은 모두가 하나님을 높였습니다. 버림받은 사람들은 모두가 다 하나님을 외면하는 삶을 살았습니다.

다윗은 어떠한 상황에서도 철저하게 하나님을 높이는 삶을 살았습니다. 그때 하나님은 다윗을 높여 이스라엘의 2대 왕으로 세우시고 그의 후손이 인류의 메시아로 나타나는 최고의 영광을 얻게 하셨습니다.

당신도 하나님이 주시는 넘치는 삶을 누리기를 원하십니까? 하나님과의 바른 관계를 가지고, 분명한 확신을 가지십시오. 하나님을 높이고 존귀케 여기십시오. 다윗의 삶을 세우신 하나님은 당신의 삶도 세워주실 것입니다.

08

쇠하는 사람, 흥하는 사람

사울의 집과 다윗의 집 사이에 전쟁이 오래매 다윗은 점점 강하여 가고
사울의 집은 점점 약하여 가니라 삼하 3:1.

08
쇠하는 사람, 흥하는 사람

현재를 살아가는 우리 모두에게 한 가지 희망이 있다면 다가올 미래의 시간을 하나님이 주시는 복된 삶으로 살아가는 것입니다. 그러나 현실은 우리가 희망하는 것만큼 이뤄지지 않음을 인정하게 됩니다. 여러 가지로 삶의 모습이 달라지기 때문입니다. 그 달라진 모습 속에는 흥하는 삶도 있고 쇠하는 삶도 있습니다. 이런 모습은 오늘 우리들만이 아니라 성경 속 인물의 삶에서도 구체적으로 나타나고 있습니다.

> 사울의 집과 다윗의 집 사이에 전쟁이 오래매 다윗은 점점 강하여 가고 사울의 집은 점점 약하여 가니라 삼하 3:1.

성경은 다윗은 강하여 가는데 사울은 약하여 간다고 말하며 점점 더 강해지는 삶과 쇠약해지는 삶을 대조적으로 말씀합니다. 다윗과 사울, 이 두 사람의 모습에서 한쪽은 뜨거운 열기를 품고 올라오는 태양과 같은 모습을, 한쪽은 뜨거웠던 해가 지는 모습을 볼 수 있습니다. 또, 다윗의 집과 사울의 집을 뜨는 해와 지는 해로 비유할 수 있을 것입니다.

무엇이 같은 시대 속에 살면서도 너무나 다른 결과로 나타나게 했을까요?

믿음으로 행하는 사람, 불신앙으로 사는 사람

다윗과 사울은 같은 시대에 가깝게 있던 사람이었습니다. 다윗과 사울은 이스라엘과 블레셋의 전쟁에서 처음 만납니다. 사울은 당시 이스라엘의 왕이었습니다. 사울 왕이 이끄는 이스라엘 군대는 블레셋과의 전쟁에서 패전할 수밖에 없는 상황이었습니다. 블레셋에 골리앗이라는 거대한 장수가 있었기 때문입니다. 다윗은 아버지의 심부름을 받고 전쟁터로 갔다가 그곳에서 블레셋 장수인 골리앗이 하나님을 조롱하는 모습을 본 후 마음에 거룩한 용기가 생겼습니다. 다윗은 자신이 골리앗과 싸우겠다고 합니다. 형들도 말리고 사울 왕도 말렸지만, 다윗은 "하나님이 나와 함께함으로 나는 능히 골리앗과 싸워 이길 수 있다"고 말합니다삼상 17:45. 반면에 왕이었던 사울은 두려워 떨고 있었습니다삼상 17:11.

다윗이 하나님과 함께한 믿음의 사람이었다면, 사울은 믿음을 잃어버린 불신앙의 사람이었습니다. 다윗은 하나님이 함께함으로 골리앗과 싸워 이길 수 있음을 선포했고, 사울 왕은 현 상황으로는 도저히 이길 수 없음을 자기 스스로 판단하고 절망합니다. 블레셋의 골리앗은 다윗과 사울의 운명을 갈라놓는 결정적인 계기가 됩니다. 골리앗을 통해 한 사람의 믿음이 얼마나 뛰어났는지, 그리고 다른 한 사람은 얼마나 믿음이 없었는지를 보여준 것입니다.

다윗과 사울은 평생 대립했습니다. 사실 다윗과 사울의 싸움은 비교가 되지 않았습니다. 사울은 이스라엘의 왕이었고 막강한 군사력을 가지고 있었지만, 다윗은 어린 목동이었습니다. 사울의 막강한 권력과 권세를 다윗은 감히 쳐다볼 수조차 없었습니다. 그래서 다윗은 어떻게 하든지 간에 사울 왕이 자신에게 관대하게 대해 주기를 바랍니다. 그러나 두 사람은 끊임없이 대립하였고 사울은 끝내 다윗을 죽이려고까지 합니다.

하지만 결국엔 다윗이 사울을 이겼습니다. 다윗에게는 하나님의 군사가 함께 있었기 때문입니다. 믿음의 사람에게는 하나님의 군사가 함께 있기 때문에 당할 수가 없습니다. 우리들의 싸움은 육체적이기 전에 영적이고, 신앙적인 싸움입니다. 이것은 우리 삶의 중요한 문제입니다.

신앙의 사람과 싸우게 되면 불신앙의 사람이 손해를 보게 되어 있습니다. 믿음의 사람과 불신앙의 사람이 서로 경쟁하거나 대립하면 언젠가는 믿음의 사람이 불신앙의 사람을 이깁니다. 신앙의 사람, 즉 하나님이 함께하는 사람 다윗은 늘 승리한다는 믿음이 있었지만 신앙을 잃어버린 사울에게는 하나님이 떠나버리십니다. 결국 사울은 비참한 최후를 맞이합니다.

> 그가 무기를 든 자에게 이르되 네 칼을 빼어 그것으로 나를 찌르라 할례 받지 않은 자들이 와서 나를 찌르고 모욕할까 두려워하노라 하나 무기를 든 자가 심히 두려워하여 감히 행하지 아니하는지라 이에 사울이 자기의 칼을 뽑아서 그 위에 엎드러지매 사울과 그의 세 아들과 무기를 든 자와 그의 모든 사람이 다 그 날에 함께 죽었더라 삼상 31:4, 6.

성경은 언제나 믿음 있는 자가 승리할 것을 예견합니다. 아브라함은 믿음의 사람이었지만 롯은 불신앙의 사람이었습니다. 두 사람은 같이 고향을 떠났지만 결과는 너무나 달랐습니다. 또 야곱은 믿음의 사람이었지만 에서는 불신앙의 사람이었습니다. 야곱은 하나님의 축복을 믿었기 때문에 그의 후손이 복을 받는 역사가 나타납니다.

모세는 믿음의 사람이었지만 바로 왕은 불신앙의 사람이었습니다. 하나님이 모세와 함께하심으로 끝내 바로를 꺾으시는 역사가 나타납니다. 엘리야는 믿음의 사람이었지만 아합 왕은 불신앙의 사람이었습니다. 하나님은 엘리야를 통하여 놀라운 기적의 일들을 나타내셨습니다.

불신앙의 사람은 모두 다 믿음의 사람에게 패할 수밖에 없습니다. 믿음의 사람은 세상적인 기준으로 보면 약한 것 같고 보잘것없어 보이시만 하나님이 늘 보호하고 붙들고 계십니다.

불신앙의 사람은 자꾸 신앙의 사람과 대립하려고 합니다. 자신이 믿음이 없으니 마찰과 대립이 일어날 수밖에 없습니다. 사울은 다윗을 보잘것없는 존재로 생각해서 업신여기고 죽이려고 하다가 결국은 자신이 망하고 맙니다. 하나님이 믿음의 사람인 다윗의 보호자로 서 계셨기 때문입니다. 다윗은 후에 이스라엘의 두 번째 왕이 되는 복을 받습니다. 자신의 권력과 힘만 갖고 행하던 사울은 하나님께 버려졌지만 육체는 약하나 강하신 하나님을 믿음으로 붙든 다윗은 끝내 최고의 승자로 세우심을 받았습니다.

사랑이 있는 사람, 시기와 미움이 있는 사람

사랑은 아끼고 위하여 한없이 베푸는 마음을 뜻하고, 시기는 샘하고 미워하는 마음을 뜻합니다. 블레셋과의 전쟁에서 다윗은 물맷돌을 가지고 골리앗을 무찌릅니다. 온 백성들의 관심이 다윗에게로 맞추어집니다. 모든 사람들이 다윗을 극찬했습니다.

> 여인들이 뛰놀며 노래하여 이르되 사울이 죽인 자는 천천이요 다윗은 만만이로다 한지라 삼상 18:7.

백성들이 다윗을 칭찬하는 소리에 사울은 불쾌해지기 시작했습니다.

> 사울이 그 말에 불쾌하여 심히 노하여 이르되 다윗에게는 만만을 돌리고 내게는 천천만 돌리니 그가 더 얻을 것이 나라 말고 무엇이냐 하고 그 날 후로 사울이 다윗을 주목하였더라 삼상 18:8-9.

여기서 주목했다는 말은 '눈여겨보다, 주의 깊게 보다'라는 뜻입니다. 사울은 질투와 미움으로 다윗을 바라보았습니다. 다윗이 아무리 예쁜 행동을 해도 미워 보였습니다.

사울의 불행은 이때부터 시작되었습니다. 사울에게서 행복과 기쁨이 사라졌습니다. 사람은 미워하는 마음을 가지면 자신부터 불행해지기 시작합니다. 사실 다윗이 잘되는 것을 좋아하고 기뻐할 사람은 다른 누구도 아닌 사울 왕이었습니다. 다윗이 아니었으면 사울 왕은 나라를 빼앗겼을 것이기 때문입니다.

다윗이 골리앗을 무찔렀기 때문에 사울이 왕권을 유지할 수 있었습니다. 그러나 사울 왕은 그것을 알지 못하고 그저 다윗이 백성들에게 칭찬받는 것이 시기가 나서 미워합니다. 끝내는 다윗을 죽이려고 자기의 모든 군사력을 동원합니다. 다윗에게 잘못이 없다는 것을 사울도 잘 알고 있었지만 미워하는 마음이 사라지지 않습니다. 다윗이 잘되는 것이 싫었기 때문입니다. 이것은 단순히 사울의 감정 문제였습니다.

다윗은 이렇게 힘든 상황에서 지냈습니다. 그러나 놀라운 것은 다윗이 사울 왕을 미워하지 않았다는 사실입니다. 사울을 원망하지도, 저주하지도 않았습니다. 다윗은 오직 자신의 결백을 인정받고, 사울 왕이 관대한 마음을 품기만을 기다렸습니다. 다윗은 사울의 시기에도 개의치 않고 하나님을 끝까지 믿었고, 끝까지 충성했고 또한 끝까지 사울을 사랑했습니다. 사울이 눈앞에 있어도 미움보다는 사랑과 용서가 앞선 사람이었습니다.

어느 날 다윗은 사울을 피해 도망을 가다가 동굴 깊은 곳에 숨었는데, 사울 왕이 군사를 거느리고 다윗을 쫓다가 다윗이 숨은 동굴 입구에 앉게 됩니다. 사울은 다윗이 동굴 안에 있다는 것을 몰랐습니다삼상 24:3. 다윗의 군사들은 다윗에게 "최고의 기회입니다. 저희가 가서 사울만 죽이면 더 이상 도망을 다니지 않아도 됩니다"라고 말했습니다. 하지만 다윗은 사울을 죽이지 않고 사울 곁에 가서 아무도 모르게 옷자락 끝을 칼로 베어 옵니다.

> 다윗의 사람들이 이르되 보소서 여호와께서 당신에게 이르시기를 내가 원수를 네 손에 넘기리니 네 생각에 좋은 대로 그에게 행하라 하시더니 이것이 그 날이니이다 하니 다윗이 일어나서 사울의 겉옷 자락을 가만히 베니라 삼상 24:4.

다윗은 충분히 사울을 죽일 수 있었습니다. 그런데도 다윗은 신하들의 권유를 뿌리치고 사울의 옷자락만 베어 옵니다. 하지만 다윗은 사울 왕의 옷자락을 벤 것만으로도 마음 아파합니다 삼상 24:5.

이때 만약 다윗이 사울을 죽였다면 다윗은 결코 하나님이 함께하시는 승자가 되지 못했을 것입니다. 어떤 상황에서도 사랑하는 마음을 품는 자가 참되게 승리합니다.

다윗은 사랑의 사람이었고 사울은 미움과 시기의 사람이었습니다. 사랑하는 마음이 있는 사람은 점점 흥하고 미워하는 마음을 품은 사람은 점점 쇠하여 갔습니다. 사랑하는 사람은 인생이 점점 빛나고 밝아졌지만 시기와 미움의 사람은 쇠붙이가 녹슬듯이 자기 자신을 파괴하고 스스로 무너졌습니다.

사랑의 사람과 미움의 사람이 대립하면 사랑의 사람이 승리합니다. 미움은 스스로 죽음을 가져오지만 사랑은 스스로 생명을 낳기 때문입니다. 만약 사울이 다윗을 사랑했다면 인생의 최후를 비참하게 맞이하지도 않았을 것이고 그의 왕권도 잘 보존되었을 것입니다. 또 사랑의 힘은 점점 강해지지만 시기와 미움의 사람은 점점 더 약해집니다. 원수까지도 사랑하고 원수를 위해 기도할 수 있는 사람이 온전히 승리합니다.

사랑은 사람을 흥한 길로 인도합니다. 미움은 패망의 길을 만듭니다. 인생을 살다 보면 마음이 꽁해질 때도 있겠지만, 그것마저도 푸십시오. 하나님이 길을 열어 주실 것입니다. 미움을 품기 시작하면 마음에 녹이 슬기 시작합니다. 철은 녹이 슬면 부식됩니다. 마음에 녹이 슬면 사람은 스스로 약해질 수밖에 없습니다.

사랑은 녹을 제거하고 빛나게 만듭니다. 사랑은 사람들에게 새로운 힘을 가져다줍니다.

하나님을 두려워하는 사람

다윗은 하나님을 두려워했지만, 사울은 하나님을 두려워하지 않았습니다. 다윗은 사울을 죽일 수 있는 기회가 여러 차례 있었지만 하나님이 두려웠기 때문에 사울을 죽이지 않았습니다. 말씀에 하나님이 기름 부어 세우신 자를 사람이 건드리지 말라고 하셨기 때문입니다.

한번은 다윗의 군사들이 사울 왕이 있는 적진까지 들어갔습니다. 사울 왕은 곤하게 잠을 자고 있었습니다. 아비새 장군이 다윗에게 보고합니다. "다윗이여, 그렇게 당신을 죽이려고 한 사울을 죽일 수 있는 절호의 기회입니다. 내가 창을 가지고 목만 치면 사울은 죽습니다." 하지만 다윗은 하지 말라고 말합니다.

> 다윗이 아비새에게 이르되 죽이지 말라 누구든지 손을 들어 여호와의 기름 부음 받은 자를 치면 죄가 없겠느냐 하고 다윗이 또 이르되 여호와께서 살아 계심을 두고 맹세하노니 여호와께서 그를 치시리니 혹은 죽을 날이 이르거나 또는 전장에 나가서 망하리라 내가 손을 들어 여호와의

> 기름 부음 받은 자를 치는 것을 여호와께서 금하시나니 너는 그의 머리 곁에 있는 창과 물병만 가지고 가자 하고 삼상 26:9-11.

다윗은 하나님을 두려워했기 때문에 하나님이 기름 부어 세우신 사울 왕에게 손을 대지 않았습니다. 그러나 사울 왕은 하나님을 두려워하지 않았습니다. 사울은 어떻게든 다윗을 죽이려고 온갖 수단과 방법을 가리지 않았습니다. 심지어는 하나님의 제사장들이 다윗을 숨겨주었는데 후에 사울 왕이 알고 노발대발했습니다. 그래서 신하들과 군인들에게 그 제사장들을 모아 다 죽이라고 명령했습니다. 하지만 사울 왕의 신하들은 제사장들을 죽일 수 없었습니다.

> 왕이 좌우의 호위병에게 이르되 돌아가서 여호와의 제사장들을 죽이라 그들도 다윗과 합력하였고 또 그들이 다윗이 도망한 것을 알고도 내게 알리지 아니하였음이니라 하나 왕의 신하들이 손을 들어 여호와의 제사장들 죽이기를 싫어한지라 삼상 22:17.

결국 사울 왕은 도엑이라는 장군에게 명령합니다. 사울 왕의 명령에 도엑 장군은 85명의 제사장들과 그들의 가족을 몰살시킵니다.

> 왕이 도엑에게 이르되 너는 돌아가서 제사장들을 죽이라 하매 에돔 사람 도엑이 돌아가서 제사장들을 쳐서 그 날에 세마포 에봇 입은 자 팔십오 명을 죽였고 제사장들의 성읍 놉의 남녀와 아이들과 젖 먹는 자들과 소와 나귀와 양을 칼로 쳤더라 삼상 22:18-19.

사울 왕은 하나님의 제사장과 그 가족들을 몰살시키면서도 하나님에 대한 두려움이 없었습니다.

하나님은 하나님을 두려워하고 하나님을 존귀케 하는 사람에게 복을 주십니다. 반면, 하나님을 멸시하는 사람을 진노로 다스리십니다.

다윗과 사울 왕은 너무나도 대조적이었습니다. 다윗은 사울이 하나님의 기름 부은 왕이었기 때문에 사울의 옷자락만 베고도 양심의 아픔을 느꼈지만, 사울은 하나님을 향한 두려움조차 없었습니다. 다윗은 무엇보다도 하나님의 은혜에 감사해서 모든 것을 감사로 생각했습니다. 다윗의 삶에는 감사와 찬양이 넘쳤습니다. 그래서 다윗은 시편에 기록된 대로 많은 시와 찬송을 노래합니다. 그러나 성경 어디를 보아도 사울의 찬송과 감사의 시를 기록한 곳은 없습니다.

다윗은 하나님을 우선으로 생각하며 하나님을 높이는 신앙의 삶을 살았습니다. 모든 것을 하나님의 은혜로 고백하고 하나님의 도우심과 하나님 없이는 살아갈 수 없음을 철저하게 고백하며 하나님 우선적인 삶을 살았습니다. 그럴 때에 하나님은 다윗을 흥하게 하셨습니다.

성경은 다윗을 보고 "하나님 마음에 합한 자다"라고 말씀합니다행 13:22. 반면 사울을 향하여는 "왕으로 세운 것을 후회한다"고 말씀합니다삼상 15:11. 흥하는 사람은 하나님을 기쁘시게 하는 삶을 살지만 쇠하는 사람은 하나님을 근심하게 합니다.

유명한 그림 가운데 스텐버그라는 화가가 그린 「스텐버그의 십자가」라는 작품이 있습니다. 이 화가의 그림도 유명하지만 이 그림에 얽힌 사연이 더 많은 감동을 줍니다.

이 그림의 화가인 스텐버그가 성 베드로 성당의 요청으로 십자가에 달린 예수님을 그리고 있었습니다. 그는 스케치를 하다가 곰곰이 생각하곤 그림 그리기를 포기합니다. 자신이 생각했던 것만큼 돈이 안 되었기 때문입니다. 그래서 스케치를 하다가 만 그림을 방치하고는 돈이 되는 일반 그림을 그리기 시작합니다.

스텐버그는 페피타라는 한 여인을 모델로 해서 그림을 그리고 있었습니다. 성화보다 돈을 더 많이 받을 수 있었기 때문입니다. 모델로 서 있던 이 여인이 팽개쳐져 있는 성화를 보고 묻습니다. "저게 무슨 그림이에요?" 스텐버그는 예수님의 그림이라고 말해주었습니다. 여인이 다시 물었습니다. "스케치한 것을 보니까 사람이 십자가에 못 박혀 죽는 모습이네요? 무슨 사연 때문에 저 분이 십자가에 돌아가시는 그림을 그립니까?"

스텐버그가 설명해주었습니다. "저 분은 예수님인데 온 인류를 위하여 죄악을 담당하시고 십자가에 죽으셨습니다. 그리고 이 땅을 위해 많은 병자를 고치시고 약자들의 친구가 되어주셨습니다. 저분의 사랑은 값으로 환산할 수 없습니다." 그러자 페피타가 그런 착한 분이 왜 돌아가셨느냐며 울기 시작했습니다. 스텐버그가 여인을 달래주었습니다. "저 분은 죽은 것으로 끝나지 않고 부활하셨습니다." 그러자 여인의 얼굴에 화색이 돌았습니다.

그 여인의 얼굴을 본 스텐버그는 충격을 받습니다. '아무것도 모르는 이 여인도 예수님이 살아나셨다는 것에 대해 감격하는데, 나는 그리스도인이지 않은가? 나는 지금까지 신앙생활을 하면서 예수님의 부활을 얼마나 누리고 있었는가? 나는 왜 늘 근심과 걱정과 염려와 미움을 가지고 살아가는가? 정말 내가 신앙인이라면 이 여인의 얼굴에 감격이 피어났던 것처럼 나도 예수님으로 다시 피어나야 하지 않겠는가?'

그래서 스텐버그는 결단을 하고 성화를 다시 그리기 시작했는데 이것이 바로 스텐버그의 십자가입니다. 이 그림은 지금도 많은 사람들에게 감동을 주고 있습니다.

　우리는 하나님을 두려워하고 살아야 합니다. 내 속에 믿음이 있다면 하나님은 좋은 하나님이 되어주시지만, 믿음으로 살지 않는다면 하나님은 가차 없이 진노하신다는 사실을 기억하기 바랍니다. 고난과 절망 가운데 있다면 두려워하거나 노여워하지 마십시오. 당신 안에 하나님이 계시다면 고난과 절망은 그저 지나가는 과정일 뿐입니다.

　하나님이 당신을 다시 세워주실 것입니다. 다윗 앞에도 수많은 죽음이 닥쳐왔지만 하나님은 결단코 그를 포기하지 않으셨습니다. 죽음의 칼날이 목 앞에 있던 다윗을 구해주시고 흥하게 하신 하나님이 오늘 당신을 지키시고 돌보아주실 것입니다.

09

멋진 승리

이스라엘이 다윗에게 기름을 부어 이스라엘 왕으로 삼았다 함을 블레셋 사람들이 듣고 블레셋 사람들이 다윗을 찾으러 다 올라오매 다윗이 듣고 요새로 나가니라 블레셋 사람들이 이미 이르러 르바임 골짜기에 가득한지라 다윗이 여호와께 여쭈어 이르되 내가 블레셋 사람에게로 올라가리이까 여호와께서 그들을 내 손에 넘기시겠나이까 하니 여호와께서 다윗에게 말씀하시되 올라가라 내가 반드시 블레셋 사람을 네 손에 넘기리라 하신지라 다윗이 바알브라심에 이르러 거기서 그들을 치고 다윗이 말하되 여호와께서 물을 흩음 같이 내 앞에서 내 대적을 흩으셨다 하므로 그곳 이름을 바알브라심이라 부르니라 거기서 블레셋 사람들이 그들의 우상을 버렸으므로 다윗과 그의 부하들이 치우니라 블레셋 사람들이 다시 올라와서 르바임 골짜기에 가득한지라 다윗이 여호와께 여쭈니 이르시되 올라가지 말고 그들 뒤로 돌아서 뽕나무 수풀 맞은편에서 그들을 기습하되 뽕나무 꼭대기에서 걸음 걷는 소리가 들리거든 곧 공격하라 그때에 여호와가 너보다 앞서 나아가서 블레셋 군대를 치리라 하신지라 이에 다윗이 여호와의 명령대로 행하여 블레셋 사람을 쳐서 게바에서 게셀까지 이르니라 삼하 5:17-25.

09 ― 멋진 승리

'마지노선의 법칙'이라는 말이 있습니다. 견고한 방어선은 심리적으로 무장해제를 부른다는 뜻입니다. 마지노선이라는 단어의 어원을 찾기 위해서는 제1차 세계대전으로 거슬러 올라가야 합니다. 범슬라브주의와 범게르만주의의 충돌로 시작된 제1차 세계대전은 기관총이라는 신병기로 인해 대부분 참호전으로 이루어졌습니다. 병사들은 참호를 파거나 요새를 만들고 숨어서 총을 겨눈 채 적이 나타나기만을 기다렸습니다. 당시 프랑스가 독일군의 대포를 막아낼 수 있었던 것은 근대적인 요새 덕분이었습니다.

제1차 세계대전이 끝나자 프랑스의 육군 장관인 앙드레 마지노André Maginot는 프랑스와 독일의 국경 사이에 기존의 요새를 획기적으로 보강한 거대한 방벽을 쌓아 독일의 침략을 완전히 막아야 한다고 주장했습니다. 그래서 길이가 무려 750km에 달하는 콘크리트 방벽을 건축했습니다. 이 방벽은 서울과 부산을 왕복할 수 있을 만큼 길었으며 방벽을 완공하기까지 10년이라는 오랜 시간이 걸렸습니다. 이렇게 만들어진 마지노선에 개인용 참호와 중, 장형 대포를 촘촘하게 설치했습니다. 너무나 완벽한 방어선이었기에 프랑스 사람들은 독일의 어떤 공격에도 나라를 지킬 수 있다고 확신했습니다. 그러나 제2차 세계대전이 발발했을 때 독일군은 마지노선을 우회하고 벨기에를 가로질러 프랑스로 진격해 왔습니다. 결국 프랑스는 독일군과 제대로 싸워보지도 못하고 항복하게 되었습니다. 마지노선만 굳게 믿고 있다가 전쟁에서 패배한 것입니다.

다윗은 사울의 뒤를 이어 이스라엘의 2대 왕이 되었습니다. 아직 정세가 불안한 것을 알았는지 블레셋 군대가 이스라엘에 쳐들어왔습니다. 하지만 믿음이 좋은 다윗은 르바임 골짜기를 가득 메운 블레셋 군대를 보고서도 두려워하지 않았습니다. 다윗은 먼저 하나님께 기도하고 나아가 블레셋 군대를 무찔렀습니다. 다윗은 전쟁에서 승리한 것을 기념하여 그곳을 '바알브라심'이라 부르고 하나님께 감사를 드렸습니다. 전쟁에서 패배한 블레셋 군대는 자신들의 신상까지도 버려둔 채 도망가기에 급급했습니다.

> 다윗이 바알브라심에 이르러 거기서 그들을 치고 다윗이 말하되 여호와께서 물을 흩음 같이 내 앞에서 내 대적을 흩으셨다 하므로 그곳 이름을 바알브라심이라 부르니라 거기서 블레셋 사람들이 그들의 우상을 버렸으므로 다윗과 그의 부하들이 치우니라 삼하 5:20-21.

강력한 블레셋 군대는 물이 흩어짐과 같이 다윗 왕 앞에서 흩어졌습니다. 하나님은 다윗에게 멋진 승리를 주셨습니다. 그러나 1차 전쟁에서 패배했던 블레셋 군대는 다시금 선열을 정비하고 이스라엘을 두 번째로 침공했습니다.

> 블레셋 사람들이 다시 올라와서 르바임 골짜기에 가득한지라 삼하 5:22.

다시 블레셋과의 전쟁에 나선 다윗은 이번에도 역시 처음 전쟁을 했을 때처럼 하나님께 기도했습니다. 하나님은 다윗의 기도에 "이번에는 전면전을 하지 말고 뒤로 돌아가서 기습전을 하라"

고 구체적으로 전략과 전술을 말씀해 주셨습니다.

> 다윗이 여호와께 여쭈니 이르시되 올라가지 말고 그들 뒤로 돌아서 뽕나무 수풀 맞은편에서 그들을 기습하되 뽕나무 꼭대기에서 걸음 걷는 소리가 들리거든 곧 공격하라 그때에 여호와가 너보다 앞서 나아가서 블레셋 군대를 치리라 하신지라 이에 다윗이 여호와의 명령대로 행하여 블레셋 사람을 쳐서 게바에서 게셀까지 이르니라 삼하 5:23-25.

다윗은 하나님의 명령대로 블레셋 군대의 뒤로 돌아가서 신호를 기다렸습니다. 하나님이 말씀하신 대로 뽕나무 꼭대기에서 사람들이 걸음을 걷는 소리를 듣고 블레셋 군대를 쳐서 그들을 게바에서 게셀까지 쫓아냈을 뿐만 아니라 마침내 그 땅을 빼앗는 놀라운 승리를 거두게 되었습니다.

엄청난 대군을 몰고 침략해온 블레셋 군대를 물리친 멋진 승리는 다윗의 왕권을 견고하게 했을 뿐만 아니라 강력한 국가를 세우는 데 기초를 다지는 발판이 되었습니다.

그런데 다윗은 어떻게 멋진 승리를 할 수 있었을까요?

하나님 앞에 먼저 물어보는 사람

블레셋 군대가 이스라엘에 쳐들어왔습니다. 이스라엘은 아직 안정되지 못한 상태였습니다. 다윗과 나라에 큰 위기가 닥쳐왔습니다.

> 블레셋 사람들이 이미 이르러 르바임 골짜기에 가득한지라 다윗이 여호와께 여쭈어 이르되 내가 블레셋 사람에게로 올라가리이까 여호와께서 그들을 내 손에 넘기시겠나이까 하니 여호와께서 다윗에게 말씀하시되 올라가라 내가 반드시 블레셋 사람을 네 손에 넘기리라 하신지라
>
> 삼하 5:18-19.

당시 다윗은 이스라엘의 왕이었지만 이스라엘의 열두 지파 중에서 다윗을 지지하는 지파는 두 지파밖에 되지 않았고, 열 지파는 아직도 다윗을 완전히 지지하지 않았습니다. 이런 불안한 정국 속에 블레셋 군대가 기습적으로 공격을 해온 것입니다. 그러면 다윗은 과연 무엇을 제일 먼저 해야 할까요? 오늘날로 말하자면 국가안전보장이사회를 소집하고, 국무회의를 열어서 각 부처 간에 회의를 하고, 군 지휘관과 작전 회의를 해야 합니다. 긴박한 전시 상황을 잘 통제하며 적군을 반격할 수 있는 준비를 하는 것이 급선무이기 때문입니다.

그런데 다윗은 그 무엇보다도 먼저 하나님 앞에 물어보았습니다. 이런 다윗의 태도는 첫 번째 전쟁뿐만 아니라 두 번째 전쟁에서도 마찬가지였습니다.

> 블레셋 사람들이 다시 올라와서 르바임 골짜기에 가득한지라 다윗이 여호와께 여쭈니 이르시되 올라가지 말고 그들 뒤로 돌아서 뽕나무 수풀 맞은편에서 그들을 기습하되 삼하 5:22-23.

다윗은 첫 번째도 하나님께 물었고 두 번째도 물었습니다. 여기서 '물었다'라는 말은 하나님 앞에 기도했다는 뜻입니다. 다윗은 어려운 일을 만났을 때 그것을 해결하실 분은 내가 아니고, 군대도 아니고 하나님밖에 없다는 사실을 알았습니다. 다윗은 절대적으로 하나님을 신뢰했습니다. 다윗의 믿음을 보신 하나님은 기뻐하시며 다윗을 도와주셨습니다. 하나님을 신뢰하는 믿음이 다윗의 삶을 형통케 하는 원동력이 되었습니다.

"아는 길도 물어 가랬다"라는 속담이 있습니다. 물어보는 것의 중요함을 말합니다. 모르면 물어보면 됩니다. 자녀가 어떤 일을 할 때 가장 안전한 방법은 그 일을 하기 전에 부모님께 물어보는 것입니다. 자녀가 부모에게 도움을 청하는 그 순간부터 그 물음에 대해서는 자녀가 아니라 부모가 책임집니다.

가령, 자녀가 "엄마, 아빠. 저 내일 아침 일찍 부산에 갔다 와야 해요. 그런데 부산을 가려면 몇 시에 떠나야 하고 경비가 얼마나 들까요?"라고 물어봅니다. 그 순간부터 부모는 자녀를 대신하여 준비를 시작합니다. 늦잠 자는 자녀를 깨우고 부산까지 갔다올 차비도 줍니다. 목적지까지 잘 다녀올 수 있도록 도와줍니다. 하지만 자녀가 물어보지 않는다면 부모는 자녀를 위해 아무것도 해줄 수가 없습니다.

우리의 인생도 마찬가집니다. 성경은 "영접하는 자 곧 그 이름을 믿는 자들에게는 하나님의 자녀가 되는 권세를 주셨으니"라고 말씀합니다요 1:12. 예수 그리스도를 믿는 순간 우리는 영적으로 하나님의 자녀가 됩니다. 하나님께 물어보면 하나님은 자녀된 우리에게 날마다 새로운 길을 열어 주겠다고 약속하십니다. 거기에는 누구도 알 수 없는 신비로운 하나님의 방법이 있기 때문입니다. 우리의 방법으로는 힘이 들지만 하나님께 물어보면 하나님은 우리가 예측할 수 없는 새로운 길을 열어주실 것입니다.

창세기 32장에 보면 도망쳤던 야곱이 고향으로 돌아옵니다. 그러나 20년 전에 야곱에게 장자권을 빼앗긴 에서는 야곱을 죽이려고 고향에서 벼르고 있습니다. 야곱은 형의 마음을 먼저 녹이고자 합니다. 돈으로도 안 되고, 사람으로도 안 됩니다. 결국 야곱은 얍복 강에서 하나님 앞에 기도하기 시작합니다. 야곱이 한 것은 하나님 앞에 물어본 것밖에 없습니다. 그런데 하나님은 그 어떤 것으로도 풀어지지 않은, 20년 동안 응어리진 에서의 마음을 움직여 주셨습니다. 야곱이 얍복 강을 건너가자 에서의 손에서 칼이 떨어지고 야곱을 부둥켜안는 역사가 일어났습니다. 하나님이 도와주셨습니다.

감사하는 사람

다윗은 자신이 처한 상황을 놓고 하나님 앞에 물어보았습니다. "어떻게 하면 좋을까요? 블레셋 앞에 싸우러 올라갈까요?" 하나님은 "올라가라. 블레셋 사람을 네 손에 붙이리라"라고 말씀하십니다. 다윗은 하나님의 말씀에 따라 올라갔고 하나님은 다윗을 도와 블레셋 군대를 무찌르셨습니다. 다윗은 '여호와 앞에서 물을 흩음같이 대적을 흩으셨다'고 하여 그곳을 '바알브라심'이라고 이름 붙였습니다.

> 다윗이 바알브라심에 이르러 거기서 그들을 치고 다윗이 말하되 여호와께서 물을 흩음 같이 내 앞에서 내 대적을 흩으셨다 하므로 그곳 이름을

> 바알브라심이라 부르니라 삼하 5:20.

다윗의 승리 비결은 하나님의 도우심이었습니다. 다윗이 하나님의 도움을 받을 수 있었던 것은 하나님이 주신 은혜를 감사하게 간직했기 때문입니다. 하나님은 다윗이 첫 번째 전쟁에서 승리케 하셨습니다. 다윗은 하나님의 은혜를 잊지 않았습니다. 그래서 하나님은 다윗의 두 번째 기도에도 응답하셨습니다. 이번에는 전쟁에서 승리할 수 있는 방법을 구체적으로 알려주셨습니다.

어떤 사람들은 전쟁에서 이기면 그 승리에 도취되어 만용과 교만을 부립니다. 이런 사람들은 대부분 자신의 능력을 자랑하느라 하나님의 도우심을 까맣게 잊어버립니다. 삶을 살아오면서 결정적으로 잘되었다고 생각하는 일을 떠올려봅시다. 당신은 그 기억 가운데 하나님이 도우셨다는 사실을 얼마나 깨닫고 있습니까? 우리는 하나님께 감사하는 마음보다 내가 유능해서, 내가 잘나서, 내가 월등해서 잘되었다는 교만한 착각에 빠질 때가 많습니다.

블레셋 군대가 두 번째 전쟁에서 얼마나 처참하게 패했던지 자신들의 우상과 신상까지도 버리고 도망갈 정도였습니다. 하지만 다윗은 교만하지 않았습니다. 하나님께서 도우셨기 때문에 전쟁에서 승리했다는 사실을 가슴에 새기고 살아갑니다. 다윗이 하나님의 은혜에 감사하는 태도를 가졌기 때문에 하나님은 다윗의 두 번째 기도에도 응답해주셨습니다.

오늘 우리도 먼저 하나님의 은혜와 인도하심에 감사하는 고백을 해야 합니다. 하나님이 우리의 인생을 여기까지 인도하셨음을 가슴에 새겨야 합니다. 사람들은 상황이나 환경이 좋을 땐 하나님을 쉽게 잊어버렸다가 힘들 땐 하나님에게 원망과 불평을 하며 하나님을 탓합니다. 그러나 그렇지 않습니다. 하나님이 주신 것을 감사하며 살아가는 믿음을 갖기를 바랍니다.

존 웨슬리 John Wesley 목사님은 기독교 역사의 세계적인 거장 중 한 명입니다. 존 웨슬리는 1703년, 영국 성공회의 주교 S. 웨슬리의 열다섯째 아들로 태어나 영국 성공회의 신부가 됩니다. 이런 존 웨슬리가 평생 가슴에 새겼던 세 가지 큰 사건이 있었습니다.

첫 번째 사건은 영적인 체험이었습니다. 1707년, 존 웨슬리가 어렸을 때 집에 화재가 났습니다. 아이들을 집에서 구출하기 시작하는데 형제가 많다 보니 이름을 다 부르며 구출할 수가 없었습니다. 부모님이 급한 마음에 1번, 2번, 3번… 이런 식으로 번호를 세서 자녀들을 점검하는데 15번이 없었습니다. 그 15번 자녀가 존 웨슬리였습니다. 그 시각 존 웨슬리는 집 안에서 나오지 못하고 있었습니다. 이제 조금 있으면 집이 완전 전소되어 죽을 수밖에 없는 상황이었습니다. 그때 어떤 힘이 작용해서 집 밖으로 강제로 끄집어내어 기적적으로 살아나게 되었고 존 웨슬리가 구조되자마자 집이 무너지고 말았습니다. 먼 훗날 존 웨슬리는 자신을 가리켜 '불에 타다 남은 자'라고 고백합니다. 존 웨슬리는 평생 동안 죽음에서 살아난 시점을 가슴에 새기며 하나님이 구원해주셨다는 마음으로 살았습니다.

두 번째 사건은 존 웨슬리가 영국의 옥스퍼드 대학에 다니던 시절에 일어났습니다. 존 웨슬리는 토마스 아 캠피스Thomas à Kempis와 제레미 테일러Jeremy Taylor의 영향을 받아서 대학 시절에 신성 클럽Holy Club을 만들었습니다. 이 클럽은 규칙적으로 성경을 읽고, 기도하고, 그룹 토의를 하며 신앙 훈련을 하는 곳이었습니다. 이들이 얼마나 철저하게 훈련을 했는지 '메소디스트'Methodist, 규칙쟁이라는 별명을 얻었습니다. 이때 존 웨슬리는 하나님이 자신과 함께하심을 느끼는 영적 체험을 합니다.

마지막 세 번째 사건은 1738년도에 일어났습니다. 존 웨슬리는 1735년, 32세의 나이에 미국의 선교사로 파송되어 사역을 하지만 실패하고 절망하여 1737년에 다시 영국으로 귀국합니다. 그러나 1738년 5월 24일, 존 웨슬리는 올더스게이트라는 거리에서 말씀을 듣다가 성령으로 거듭나는 체험을 하여 하나님이 자신과 함께한다는 확신을 갖고 살아갑니다.

존 웨슬리는 이후 오늘날의 감리교를 만들게 됩니다. 존 웨슬리는 일생에 하나님이 살려주셨다는 감사의 마음을 한 번도 잊은 적이 없이 "하나님의 은혜로만 살아왔다"라고 고백합니다.

감사를 고백하는 것은 사람에게 가장 아름다운 일입니다. 감사는 다른 대상에게 고마움을 느끼는 마음입니다. 감사를 할 줄 아는 사람은 참 아름답습니다. 점심식사를 마친 후 식기를 갖다 놓으면서 "잘 먹었습니다. 감사합니다"라고 감사를 표현하면 얼마나 주변을 아름답게 하는지 모릅니다. 그러나 만약 "오늘 되게 짜네요?"라며 불평을 한다면 열심히 음식 준비한 사람들은 서운한 마음이 들 수밖에 없습니다. 여러 명이 먹는 음식은 누구 한 사람에게 맞추는 게 아니라 모든 사람의 입맛에 보편적으로 맞추기 때문에 내 입맛에 조금 맞지 않더라도 감사의 마음을 표현한다면 주변 사람들의 마음을 아름답게 할 수 있습니다.

요즘 우리 사회에 충격을 주는 사건들이 참 많습니다. 뉴스에 나오는 사람들을 보면 모두가 감사를 떠난 것 같습니다. 감사를 떠난 사람은 매사에 원망, 불평, 부정적인 마음을 갖고 희망과 긍정이 없기 때문에 다른 사람들에게 좋지 않은 일들을 안겨줍니다. 하지만 감사하는 마음을 가진 사람은 삶의 태도가 부드러워집니다. 희망적인 삶을 살며 새로운 에너지가 나타납니다.

내 마음이 부드러운가, 부드럽지 않은가를 알아보는 방법은 간단합니다. 감사하면 마음이 부드러워집니다. 반대로 감사하지 못하면 불평과 원망이 찾아옵니다. 감사를 잃어버린 사람은 마음이 강퍅해지기 시작합니다. 그래서 불평과 원망 안에서 모든 것을 절망적으로 보기 시작하고 그러다 보면 과격해지고 폭력적이게 되기도 합니다.

감사하는 마음은 다윗의 생애 가운데 하나님의 은혜가 머물게 했습니다. 우리의 삶에도 하나님의 능력과 은혜가 머물기를 원한다면 언제나 감사하는 마음을 가지고 살아야 합니다. 지나온 인생을 가만히 돌이켜 보고 하니님의 은혜가 얼마나 많았는지 세어보기 바랍니다. 그리고 하나님이 베풀어주신 은혜에 감사하며 살기를 바랍니다.

하나님의 소리를 듣는 사람

블레셋의 두 번째 침공이 시작되자 다윗은 하나님께 어떻게 해야 할지를 구했고 하나님은 다윗에게 블레셋 군대를 대적할 수 있는 방법을 알려주셨습니다. 다윗은 하나님의 말씀대로 블레셋을 급습하여 멋진 승리를 거둘 수 있었습니다.

> 다윗이 여호와께 여쭈니 이르시되 올라가지 말고 그들 뒤로 돌아서 뽕나무 수풀 맞은편에서 그들을 기습하되 뽕나무 꼭대기에서 걸음 걷는 소리가 들리거든 곧 공격하라 그때에 여호와가 너보다 앞서 나아가서 블레셋 군대를 치리라 하신지라 삼하 5:23-24.

하나님은 다윗에게 "뽕나무 꼭대기에서 걸음 걷는 소리를 듣고 공격하라"고 말씀하셨습니다. 하나님의 사인Sign을 듣고 그대로 움직이면 여호와의 군대가 앞장서서 블레셋 군대를 물리쳐주겠다고 약속하셨습니다.

하나님의 소리는 하나님과 영적으로 연결된 사람에게만 들립니다. 하나님과 영적인 관계가 형성된 사람만이 하나님의 음성을 들을 수 있습니다. 라디오의 주파수가 맞춰져야만 소리를 들을 수 있는 것과 마찬가지입니다. 하나님과 영적인 채널이 연결되어 있는 사람만이 하나님의 소리를 들을 수 있습니다.

사람의 귀는 모든 소리를 다 듣지 못합니다. 마음이 있고 관심이 있는 곳의 소리만 들을 수 있습니다. 사람들이 모인 곳에 가면 많은 사람들의 여러 가지 이야기와 다양한 소리들이 있습니다. 하지만 그 소리를 다 들을 수는 없습니다.

아기를 키우는 엄마의 귀에는 아기 엄마들이 하는 이야기가 들려옵니다. 자신도 모르게 귀가 쫑긋 세워집니다. 그러다가 "우리 아기에게 이것을 먹였더니 건강해졌다"라는 소리가 들리면 그 이야기에 더 집중하게 됩니다. 사람은 자신이 관심 있는 것에 귀가 열리고 마음이 따라가게 됩니다. 특정 직종에 있는 사람이 지하철을 타고 가는데 누가 옆에서 자기 직업와 같은 분야의 이야기를 하면 그 소리에 귀가 쏠리기 마련입니다.

요즘에는 휴대폰을 보면 한 주간의 날씨와 온도를 확인할 수 있습니다. 주일부터 토요일까지의 날씨를 전부 살펴보기도 하지만 나에게 중요한 날의 날씨를 더 집중해서 살펴보게 됩니다. 다른 날에는 비가 오든지 온도가 올라가든지 별로 신경을 쓰지 않습니다. 오직 내가 정해놓은 날의 날씨와 기온이 어떤가에만 관심이 갑니다.

자녀들이 학교에서 소풍을 가면 단체 사진을 찍어서 보내줍니다. 그런데 사진에 있는 얼굴들을 일일이 다 살펴보지는 않습니다. 내 자녀의 얼굴을 찾아서 거기에만 집중합니다. 다른 아이들은 눈에 들어오지도 않습니다. 부모의 관심은 오직 내 자녀에게만 있기 때문입니다.

하나님을 향하여 영적인 관심을 가져야 합니다. 그러면 하나님도 나에게 관심을 주시고 세밀한 음성을 들려주실 것입니다. 하나님을 믿는 사람이라면 또한 나를 향한 하나님의 음성을 들을 수 있는 사람이어야 합니다. 학교에 가면 선생님이 가르치는 소리를 들을 수 있는 학생이 되어야 하고 시장에 가면 그 물건을 파는 시장 사람들의 소리를 들을 수 있어야 합니다. 이렇듯 영적으로 하나님의 소리를 들을 수 있어야 합니다. 나의 미래를 인도하실 하나님의 소리, 나의 자녀들의 미래를 인도하실 하나님의 소리를 들어야 합니다. 하나님이 가장 완벽하고 멋진 승리로 나를 인도하실 것입니다.

성경에 보면 절망에서 새로운 희망으로 승리한 사람들이 많이 소개됩니다. 대표적인 인물로 엘리야라는 사람이 있습니다. 엘리야는 아합 왕 시대에 활동한 선지자였습니다. 아합 왕이 북이스라엘을 다스리던 때는 백성들이 하나님을 떠난 시대였습니다. 엘리야가 하나님께 돌아오라고 아무리 말해도 아합 왕은 듣지 않았습니다.

엘리야는 결국 아합 왕에게 "내가 섬기는 이스라엘의 하나님 여호와께서 살아 계심을 두고 맹세하노니 내 말이 없으면 수 년 동안 비도 이슬도 있지 아니하리라"라고 경고하였습니다 왕상 17:1.

그로부터 3년 6개월 동안 사마리아 땅에 지독한 가뭄이 들었습니다. 하지만 엘리야는 이스라엘 백성들을 괴롭게 하려는 것이 아니라 하나님을 알게 하려 한 것이었습니다. 엘리야는 아합 왕에게 400명의 바알 선지자와 450명의 아세라 선지자와 갈멜산에서 대결을 하여 거짓 신을 가려내자고 합니다 왕상 19-21.

바알과 아세라 선지자 850명과 엘리야는 각자 제단을 쌓고 송아지를 제물로 삼아 각기 자신의 신에게 기도하여 불로 응답함을 보자고 했습니다. 먼저 바알과 아세라 선지자가 정오가 지나도록 자신의 신에게 불을 내려달라고 외쳤지만 응답이 없었습니다. 그러나 엘리야가 여호와 하나님께 부르짖자 불이 제단에 내려와 제물과 도랑의 물까지 모두 태워버렸습니다.

그 후로 즉시 백성들을 시켜 바알과 아세라 선지자 850명을 기손 시내로 끌고 내려가 모두 죽였습니다. 그리고 이스라엘 백성들로 하여금 하나님께 돌아오도록 촉구하였습니다. 그럼에도 불구하고 아합 왕과 백성들은 회개하지 않았습니다. 오히려 아합 왕의 아내 이세벨은 엘리야를 죽이려고 합니다. 엘리야는 도망을 갑니다. 몸도 마음도 지쳤습니다. 아무리 봐도 북이스라엘 땅에 하나님을 믿는 사람은 자기 혼자인 것 같았습니다. 하나님께서는 지친 엘리야에게 호렙산으로 가라고 말씀하십니다. 엘리야 선지자는 하나님의 말씀대로 호렙산에 갔습니다.

엘리야는 거기에서 하나님의 음성을 듣는데, 성경에 보면 하나님의 음성이 '세미하게' 들려왔다고 합니다. 세미한 소리는 관심을 기울여야만 들을 수 있는 소리입니다.

> 또 지진 후에 불이 있으나 불 가운데에도 여호와께서 계시지 아니하더니 불 후에 세미한 소리가 있는지라 왕상 19:12.

하나님은 엘리야 선지자에게 "엘리야야, 너는 혼자가 아니야. 아직 바알에게 무릎 꿇지 않은 7,000명을 예비해 놓았어. 그러니까 걱정하지 말아"라고 말씀하셨습니다.

> 그러나 내가 이스라엘 가운데에 칠천 명을 남기리니 다 바알에게 무릎을 꿇지 아니하고 다 바알에게 입맞추지 아니한 자니라 왕상 19:18.

하나님의 음성은 절망 가운데서도 새로운 희망이 됩니다. 그러므로 우리는 하나님의 세미한 소리를 잘 들을 수 있는 삶을 살아야 합니다.

마가복음 5장에 보면 죽음의 절망에서 새롭게 살아난 여인이 소개됩니다. 이 여인은 열두 해 동안 혈루증을 앓았습니다. 지금까지 이 여인이 들은 이야기는 "어느 병원이 좋다더라", "어느 의사가 잘 고친다"라는 이야기들뿐이었습니다. 여인은 그 이야기들만 듣고 병을 고쳐보려고 12년 동안 갖은 노력을 했습니다. 그러나 여인의 병은 더 중하여지고 돈은 다 써버렸고 주위 사람들도 다 떠나버렸습니다. 병든 여인은 이제 죽음을 기다릴 수밖에 없었습니다.

어느 날 여인은 우연히 예수님에 대한 이야기를 듣게 됩니다. 예수님이라면 자신의 병을 고칠 수 있을 것 같았습니다. 예수님에 대한 이야기를 들을 때마다 마음이 뛰었습니다. 여인은 예수님을 만나고 싶어졌습니다. 예수님이 마을에 오셨다는 이야기를 듣게 된 이 여인은 절박한 마음으로 예수님을 보러 나왔습니다. 하지만 사람들이 너무 많아 예수님 앞으로 나아갈 수 없었습니다. 그러나 여인은 예수님의 옷에만 손을 대어도 병이 나을 수 있을 것이란 믿음으로 예수님의 옷자락을 만졌습니다.

> 예수의 소문을 듣고 무리 가운데 끼어 뒤로 와서 그의 옷에 손을 대니 이는 내가 그의 옷에만 손을 대어도 구원을 받으리라 생각함일러라 이에 그의 혈루 근원이 곧 마르매 병이 나은 줄을 몸에 깨달으니라 예수께서 이르시되 딸아 네 믿음이 너를 구원하였으니 평안히 가라 네 병에서 놓여 건강할지어다 막 5:27-29, 34.

곧 여인의 몸이 깨끗하게 고침을 받았습니다. 열두 해 동안 혈루증을 앓던 여인은 예수님의 소문을 듣는 데서 출발해서 믿음으로 병 고침을 받아 인생이 변화되는 놀라운 은혜를 경험하게 되었습니다.

블레셋이 이스라엘을 침공할 때마다 다윗은 자기 힘으로 어찌할 수 없는 절박한 상황을 겪었습니다. 하지만 그럴 때마다 다윗은 하나님께 기도했고 하나님은 그때마다 다윗에게 말씀하셨습니다. 다윗이 블레셋과의 전쟁에서 모두 승리할 수 있었던 것은 다윗이 하나님의 소리를 듣고 그대로 순종했기 때문입니다.

당신도 다윗처럼 멋진 승리를 얻기를 원하십니까? 먼저 하나님께 물어보십시오. 하나님이 주신 것에 대한 감사를 가슴에 꼭 새기십시오. 그리고 하나님의 세미한 음성을 들으십시오. 하나님이 당신과 함께하실 것입니다. 당신의 삶을 인도하실 하나님을 믿으십시오. 그러면 어떤 절망에서도 하나님의 가장 멋진 승리가 당신에게 나타날 것입니다.

10

중심에 계신 하나님

여호와는 나의 빛이요 나의 구원이시니 내가 누구를 두려워하리요 여호와는 내 생명의 능력이시니 내가 누구를 무서워하리요 악인들이 내 살을 먹으려고 내게로 왔으나 나의 대적, 나의 원수들인 그들은 실족하여 넘어졌도다 군대가 나를 대적하여 진 칠지라도 내 마음이 두렵지 아니하며 전쟁이 일어나 나를 치려 할지라도 나는 여전히 태연하리로다 내가 여호와께 바라는 한 가지 일 그것을 구하리니 곧 내가 내 평생에 여호와의 집에 살면서 여호와의 아름다움을 바라보며 그의 성전에서 사모하는 그것이라 여호와께서 환난 날에 나를 그의 초막 속에 비밀히 지키시고 그의 장막 은밀한 곳에 나를 숨기시며 높은 바위 위에 두시리로다 이제 내 머리가 나를 둘러싼 내 원수 위에 들리리니 내가 그의 장막에서 즐거운 제사를 드리겠고 노래하며 여호와를 찬송하리로다 시편 27:1-6

10
중심에 계신 하나님

'언약'은 어떤 일에 대해서 앞으로 어떻게 하기로 정해놓고 서로가 어기지 않는 것을 뜻합니다. 성경은 하나님이 말씀하신 것이 기록된 말씀의 책입니다. 하나님이 "이렇게 해주겠다. 그러므로 너도 이렇게 하라"고 하신 약속의 말씀이 성경입니다. 그래서 성경에는 하나님이 하실 일이 있고, 사람이 해야 할 일이 있습니다.

성경은 하나님의 말씀만 일방적으로 기록된 것이 아닙니다. 약속은 서로가 지켜야 하는 것이기 때문입니다. 이 약속은 서로의 관계를 맺기 위한 동기 중 하나입니다. 하나님이 우리에게 약속을 주시는 이유는 우리와 좋은 관계를 맺기 위함입니다. 하나님이 우리와 관계를 맺기 위해, 약속이라는 도구로 관계를 허락하신 것입니다.

    저는 목회를 하면서 많은 목회자와 성도들을 만납니다. 그러나 관계를 하는 목적에 따라 보통 두 부류로 나뉩니다. 한 부류는 사랑의 관계로 다가오는 사람입니다. 다른 부류는 기능적인 목적으로만 다가오는 사람입니다. 사실 편한 것은 일과 기능적인 목적으로 관계하는 것입니다. 그 일만 끝나면 그 사람하고는 관계할 일이 없습니다. 그러나 그런 사람은 마음에 남지 않고 오래 가지도 않습니다. 마음에 오래 남는 사람은 사랑의 관계로 다가오는 사람입니다. 훗날 여전히 만나고 싶은 사람, 보고 싶은 사람, 교제하고 싶은 사람은 사랑의 관계로 다가오는 사람입니다.

    하나님도 우리와 사랑의 관계를 맺기 원하십니다. 그래서 하나님과 우리 사이에 좋은 관계가 형성되기를 원하십니다. 그저 우리가 필요할 때만 기도해서 '이거 이루어주세요' 하고 끝나는 것이 아니라 정말 마음으로 그분을 진정으로 사랑하는 관계를 맺기 원하신다는 것입니다. 우리가 하나님과 진정한 사랑의 관계를 맺고 나면 하나님은 우리의 삶에 평안과 평화를 선물로 주십니다.

그래서 예수님은 많은 비유 가운데 포도나무와 가지의 비유를 들어서 설명해주셨습니다. 예수님은 가지가 줄기에 잘 붙어 관계를 잘 맺으면 많은 결실과 열매의 기쁨을 맺을 수 있다고 말씀하십니다.

> 너희가 내 안에 거하고 내 말이 너희 안에 거하면 무엇이든지 원하는 대로 구하라 그리하면 이루리라 내가 이것을 너희에게 이름은 내 기쁨이 너희 안에 있어 너희 기쁨을 충만하게 하려 함이라 요 15:7, 11.

예수님은 우리가 하나님께 잘 붙어 있으면 우리가 구하는 대로 하나님이 주실 것이고, 하나님이 우리와 기쁨의 관계를 가지실 것이라고 말씀하십니다.

하나님과 바른 관계가 형성된다면 하나님만이 주실 수 있는 놀라운 능력들을 공급받을 수 있습니다. 그러니까 관계는 혼자만 잘해서 되는 게 아니라 서로가 잘해야 하는 것입니다. 하나님은 언제나 같은 자리에 계십니다. 그러므로 우리만 잘하면 하나님과의 관계가 잘 맺어질 것입니다.

전 세계 사람들에게 큰 감동을 주는 사람이 있습니다. 이 사람은 사람과의 관계, 하나님과의 관계, 국가와 국가의 관계를 잘

해내서 세계의 존경을 받았습니다. 바로 미국의 전 대통령인 지미 카터Jimmy Carter입니다. 지미 카터는 1977년부터 1981년까지 미국의 대통령을 지냈습니다. 또한 그는 1981년, 카터 센터를 설립한 후에 전 세계의 평화를 위해서 여러 나라를 다니면서 국가간의 분쟁을 해결합니다. 2002년도에는 노벨 평화상을 수상하기도 했습니다.

지미 카터의 나이는 어느덧 90세가 되었습니다. 이제는 스스로가 "내게 찾아온 질병 때문에 죽음이 1주일, 2주일, 3주일 정도밖에 남지 않았다는 사실을 직감한다"라고 말합니다. 그러나 죽음 앞에서도 많은 사람들에게 공감을 주고, 많은 사람들의 가슴 속에 하나님의 사랑을 증거하며, 이 땅을 살아가는 동안 기도가 얼마나 소중한지 그의 삶을 통해서 보여줍니다.

지미 카터의 일생을 보며 '어떻게 한 인간이 죽음 앞에서 이렇게 평안함과 기쁨으로 살아갈 수 있을까'라는 질문이 생길 수도 있을 것입니다. 대답은 간단합니다. 그의 중심에 하나님이 계시기 때문입니다. 어떤 상황, 어떤 곳에서도 나와 함께하신다는 하나님의 진정한 약속을 믿었기에, 그의 마음에는 늘 새로운 희망과 힘이 있었습니다.

다윗은 어떠한 환경이 닥쳐도 하나님과의 관계가 흔들리지 않았습니다. 다윗은 어려서부터 하나님을 중심에 모시고 살았습니다. 다윗은 초월자이신 하나님의 구원에 대한 분명한 확신을 가지고 살았기 때문에 그의 온 일생을 철저하게 하나님 중심으로 살았습니다. 시편 27편은 삶의 현장에 어떤 고난과 힘든 일이 닥쳐온다 할지라도, 심지어 자신을 죽이려는 수많은 군대가 온다 할지라도 하나님을 절대적으로 신뢰하고 확신한다는 다윗의 신실한 고백을 담고 있습니다.

시편 27편을 살펴보면 주로 '내 살을 먹으려고', '나의 대적', '나의 원수', '나를 죽이려는 군대', '진 칠지라도' 등 전쟁과 관련된 단어들이 많이 기록되어 있습니다. 현실은 다윗에게 너무나도 불리하고 어려웠습니다. 그러나 그의 고백은 현실과 전혀 다릅니다.

> 악인들이 내 살을 먹으려고 내게로 왔으나 나의 대적들, 나의 원수들인 그들은 실족하여 넘어졌도다 군대가 나를 대적하여 진 칠지라도 내 마음이 두렵지 아니하며 전쟁이 일어나 나를 치려 할지라도 나는 여전히 태연하리로다 시 27:2-3.

다윗은 여기서 '태연하리로다'라고 말합니다. 전쟁이 일어나 다윗을 치려고 해도 아무렇지 않다는 뜻입니다. 어떻게 다윗은 전쟁과 수많은 원수들이 죽이려는 상황에서도 태연할 수 있었을까요? 그것은 하나님이 그의 중심에 있었기 때문입니다. 그가 하나님을 전적으로 신뢰하고 믿었기에 가능했습니다.

> 여호와는 나의 빛이요 나의 구원이시니 내가 누구를 두려워하리요 여호와는 내 생명의 능력이시니 내가 누구를 무서워하리요 시 27:1.

수많은 대적자들 앞에 서 있는 다윗의 모습은 태연하고 당당했습니다. 하나님이 그의 삶에 함께 계셨기 때문입니다.

우리도 삶 속에서 수많은 일들을 만날 수 있습니다. 그럼에도 불구하고 흔들리지 않고 우리에게 주어진 삶의 자리에서 하루하루를 힘 있게 살 수 있는 것은 내 속에 나와 함께하시는 하나님이 계시기 때문입니다.

나를 지켜주시는 하나님

다윗은 어린 시절 블레셋과의 전쟁에서 골리앗을 넘어트립니다. 다윗은 아버지의 심부름으로 전쟁터에 나갔다가 이스라엘의 하나님을 욕되게 하는 골리앗을 보고 의로운 마음이 생겨 골리앗과 싸우게 되었습니다. 주변 사람들은 전부 다윗을 말렸지만 다윗은 담대하게 나아갑니다. 하나님이 다윗과 함께하실 것을 믿었기 때문입니다. 다윗은 자신이 할 수 있는 것으로 골리앗을 무찌릅니다.

다윗은 골리앗의 목을 잘라서 사울 왕 앞에 갔습니다. 전쟁에서 패할 수밖에 없었던 상황이 다윗으로 인해 역전된 것입니다. 백성들이 다윗을 칭찬하며 노래합니다. 이스라엘의 여인들은 "사울은 천천이요 다윗은 만만이다"라고 노래했습니다 삼상 18:7. 이 노래를 들은 사울의 감정이 폭발했습니다.

> 사울이 그 말에 불쾌하여 심히 노하여 이르되 다윗에게는 만만을 돌리고 내게는 천천만 돌리니 그가 더 얻을 것이 나라 말고 무엇이냐 하고
>
> 삼상 18:8.

사울은 자신보다 다윗이 더 인기가 많자 화를 내고 불쾌해했습니다. 생각해보면 사울은 다윗에게 감사를 해야 할 상황이었습니다. 다윗 덕분에 패할 수밖에 없었던 전쟁에서 승리했기 때문입니다. 그런데도 백성들이 자기보다 다윗을 좋아하자 감정이 격해져서 화를 냈습니다.

성경은 사람이 화를 내면 악령이 찾아온다고 말씀합니다. 사울 왕이 분을 내고 화를 내자 악한 영이 그 안에 들어왔습니다.

> 그 이튿날 하나님께서 부리시는 악령이 사울에게 힘 있게 내리매 그가 집 안에서 정신 없이 떠들어대므로 다윗이 평일과 같이 손으로 수금을 타는데 그때에 사울의 손에 창이 있는지라 삼상 18:10.

선한 하나님이 마음을 다스려야 하는데 자기 감정을 컨트롤 못해서 분을 내고 화를 내고 나니까 악한 힘이 들어온 것입니다. 그러자 사울의 마음에 다윗을 미워하는 감정이 생겨 다윗을 죽이려고 합니다. 그래서 다윗에게 창을 던집니다. 사울은 다윗을 죽이면 자기가 승리할 것 같았지만 그렇지 않았습니다.

> 그가 스스로 이르기를 내가 다윗을 벽에 박으리라 하고 사울이 그 창을 던졌으나 다윗이 그의 앞에서 두 번 피하였더라 여호와께서 사울을 떠나 다윗과 함께 계시므로 사울이 그를 두려워한지라 삼상 18:11-12.

결국 사울에게서 하나님이 떠나십니다. 하나님이 떠나고 난 사울의 삶은 하나님께 버림받은 삶이 되었습니다.

하나님이 버리신 삶을 사람이 스스로 세울 수 없습니다. 그래서 하나님께 버림받은 사울 왕은 전쟁터에서 두 아들을 잃고, 그 시신 위에 칼을 세워서 스스로 엎어져 목숨을 끊습니다. 한 나라의 왕이었던 사울의 인생은 전쟁터에서 무덤조차도 마련하지 못한 채 비참하게 끝나버리고 맙니다.

반면 사울이 죽이려고 하는 상황에서도 하나님은 다윗을 보호해주십니다. 그 당시 이스라엘은 지금 우리나라의 강원도만 했기 때문에 다윗이 사울을 피해 숨을 곳은 많지 않았습니다. 그럼에도 하나님은 다윗의 생명을 지켜주십니다. 이런 상황에서 다윗은 입술로 "하나님이 나와 함께하실 줄 믿습니다"라고 고백합니다.

우리는 스스로 우리 안에 있는 영의 모습을 관리하고 돌아볼 줄 알아야 합니다. 외모 상태만 점검할 것이 아니라 내 마음속에 어떤 생각이 있는가를 점검해야 합니다.

또한 말을 잘해야 합니다. 입으로 하는 고백은 무척이나 중요합니다. 우리 인생은 우리가 말한 대로 됩니다. 미래에 좋은 열매가 맺히려면 오늘 희망을 말해야 합니다. 그래서 다윗도 입으로 고백을 합니다.

> 군대가 나를 대적하여 진 칠지라도 내 마음이 두렵지 아니하며 전쟁이 일어나 나를 치려 할지라도 나는 여전히 태연하리로다 시 27:3.

다윗이 태연할 수 있는 이유는 하나님께서 다윗을 지켜주신다는 믿음 때문입니다. 우리가 상황을 만들 수는 없지만 하나님이 나를 지켜주신다는 믿음을 갖고 살아가야 합니다.

> 여호와께서 환난 날에 나를 그의 초막 속에 비밀히 지키시고 그의 장막 은밀한 곳에 나를 숨기시며 높은 바위 위에 두시리로다 시 27:5.

다윗은 '지키시고 보호하시는 하나님이 나의 하나님'이라고 고백합니다. 다윗의 중심에는 어떤 상황에서도 하나님이 자신을 지켜주신다는 확고한 믿음이 있었습니다.

그렇다면 오늘 우리의 믿음은 과연 어떨까요? 우리가 넘어지고 시험 들고 화내고 분내고 속상하며 절망하는 이유는 무엇일까요? 우리 안에 하나님에 대한 분명한 믿음이 없기 때문입니다.

다윗이 가졌던 믿음을 갖기를 바랍니다. 믿음은 모든 자의 것이 아니며 진정으로 믿는 자에게 나타나는 징표입니다.

나를 높이시는 하나님

나를 해하려는 사람들을 '원수'라고 말합니다. 당시 사울 왕의 권력이 얼마나 컸던지, 사울 왕의 주변에는 사울 왕의 눈치를 보는 사람이 많았습니다. 그래서 사울 왕이 다윗을 죽이려고 하자 자연스럽게 온 백성이 다윗을 죽이려고 합니다. 온 백성이 다윗의 원수가 된 것입니다.

> 이제 내 머리가 나를 둘러싼 내 원수 위에 들리리니 내가 그의 장막에서 즐거운 제사를 드리겠고 노래하며 여호와를 찬송하리로다 시 27:6.

그러나 다윗은 "하나님, 이 원수들 가운데서 나를 높여주실 줄 믿습니다. 내가 머지않아 하나님의 성전에 가서 예배하고 찬송하고 기도할 줄 믿습니다"라고 고백합니다.

하나님은 다윗의 믿음대로 이뤄주십니다. 하나님은 하나님을 떠난 사울을 버리시고 그 자리에 다윗을 앉히십니다.

> 유다 사람들이 와서 거기서 다윗에게 기름을 부어 유다 족속의 왕으로 삼았더라 삼하 2:4.

어떻게 이런 일이 일어날 수 있을까요? 하나님이 다윗의 믿음의 고백을 듣고 응답하신 것입니다. 우리도 "하나님이 나를 높여주실 줄 믿습니다. 나를 지켜주실 줄 믿습니다"라고 고백하며 살아가야 합니다. 그러면 자동적으로 하나님에 대한 열정이 생기고 희망이 생기고 도전이 생길 것입니다.

기도에 응답하시는 하나님

응답은 부름에 대답하는 것입니다. 어린 아이가 "엄마" 하고 불렀을 때 엄마가 "응" 하고 대답하는 것이 응답입니다. 아이들이 엄마를 부를 때는 엄마가 응답을 안 한다는 개념 자체가 없습니다. 다윗은 어떤 상황에 있어도 하나님이 응답하신다는 믿음을 가지고 있었습니다.

> 여호와여 내가 소리 내어 부르짖을 때에 들으시고 또한 나를 긍휼히 여기사 응답하소서 시 27:7.

지금 다윗은 기도할 수 있는 현실이 아니었습니다. 다윗이 도망갈 때마다 마을 사람들이 왕에게 고발을 했습니다. 사울 왕의 수많은 추종자들은 다윗을 죽이려고 혈안이 되어있습니다. 다윗은 목숨이 위태로워 살 수 없는 상황이었습니다. 그런데도 다윗에게는 '하나님이 계시기 때문에 내가 기도하면 응답해주실 줄 믿는다'라는 분명한 신앙이 있었습니다.

한번은 다윗이 사울 왕을 피해서 도망치다가 숨을 곳이 없어서 블레셋이라는 나라에까지 도망을 갑니다. 다윗은 이스라엘 땅에서 도망갈 곳이 없었으므로 부하들을 데리고 블레셋에 귀화합니다. 그런데 이스라엘과 블레셋이 전쟁을 하게 되었습니다. 그러자 블레셋 왕은 다윗이 정말로 귀화한 것인지 테스트하기 위해 다윗을 전쟁의 최전방에 세웁니다. 하지만 블레셋의 대신들이 이를 만류하여 다윗이 전쟁을 하러 전방에 나갔다가 철수해서 성으로 다시 돌아왔습니다.

그 사이에 다윗이 전쟁에 나간 것을 알고 아말렉 장수들이 그 성에 살던 다윗의 부하들의 가족과 자녀들을 다 포로로 잡아갔습니다. 그것을 본 다윗의 부하들이 정신을 잃어버려서 다윗을 원망하고 심지어는 죽이려고 합니다.

다윗은 절망에 빠집니다. 부하들에게도 원망을 받고, 이스라엘에서도 살 수 없고, 블레셋 왕도 다윗을 불신합니다. 다윗이 살 수 있는 길은 오직 하나였습니다. 부하들의 가족을 찾아오는 것입니다.

> 백성들이 자녀들 때문에 마음이 슬퍼서 다윗을 돌로 치자 하니 다윗이 크게 다급하였으나 그의 하나님 여호와를 힘입고 용기를 얻었더라
>
> 삼상 30:6.

그때 다윗이 "제사장의 옷을 가지고 오라"라고 말합니다. 그리고 그 옷을 자기 앞에 놓고 하나님께 도와달라는 기도를 합니다.

> 다윗이 아히멜렉의 아들 제사장 아비아달에게 이르되 원하건대 에봇을 내게로 가져오라 아비아달이 에봇을 다윗에게로 가져가매 삼상 30:7.

모든 것이 다 끝나가는 절망적인 상황에서도 다윗은 하나님이 기도에 응답해주실 줄 믿었습니다. 다윗이 하나님께 묻습니다. "하나님, 제 부하들의 가족들을 찾아와야 합니다. 제가 지금 쫓아가면 아말렉 군대를 칠 수 있습니까, 없습니까?" 그러자 하나님의 응답하십니다. "가라! 내가 너를 도와주리라."

> 다윗이 여호와께 묻자와 이르되 내가 이 군대를 추격하면 따라잡겠나이까 하니 여호와께서 그에게 대답하시되 그를 쫓아가라 네가 반드시 따라잡고 도로 찾으리라 삼상 30:8.

하나님이 아말렉 군대가 더 이상 뛰지 못하도록 막아주셨고, 그 사이 다윗이 쫓아가서 빼앗겼던 가족들을 되찾아올 수 있게 되었습니다.

다윗은 절망적인 상황에서 어떻게 기도할 수 있었을까요? 분명하게 믿어야 할 것은 하나님은 우리의 기도에 응답해주신다는 것입니다. 하나님은 우리 인생에 새로운 방향을 제시해주십니다.

절망적일 때 기도하십시오. 하나님이 새로운 방향을 보여주실 것입니다. 그래서 다윗은 하나님을 이렇게 고백합니다.

> 여호와여 내가 소리 내어 부르짖을 때에 들으시고 또한 나를 긍휼히 여기사 응답하소서 시 27:7.

기도는 씨앗입니다. 뿌려 놓으면 싹이 올라오고 꽃이 피고 열매를 맺습니다. 기도에도 반드시 응답이 있습니다.

사도행전에 보면 초대교회의 역사가 나옵니다. 예수님을 십자가에 못 박은 로마의 권력들은 교회마저도 말살하려고 초대교회의 사도들을 모두 잡아다 죽입니다. 로마의 권력들이 사도들을 죽이면 교회가 퍼지지 않을 거라고 생각했기 때문입니다.

> 그때에 헤롯 왕이 손을 들어 교회 중에서 몇 사람을 해하려 하여 요한의 형제 야고보를 칼로 죽이니 행 12:1.

베드로도 로마 권력들에게 잡혔습니다. 며칠 후면 베드로가 죽게 되었습니다. 베드로가 살 수 있는 방법은 없었습니다. 베드로가 교회 안에서 영향력이 큰 것을 알고 3중 쇠문을 만들어 그 안에 가둬 놓았기 때문입니다.

이제 베드로가 할 수 있는 것은 기도밖에 없었습니다. 교회도 베드로를 위해 함께 기도했습니다행 12:5. 그때 하나님이 응답하셨습니다. 하나님은 베드로가 있는 감옥에 천사를 보내셨습니다.

손목에 매여 있던 쇠사슬이 풀리고, 베드로가 걸어가면 3중 쇠문이 차례대로 다 열렸습니다행 12:7. 첫 번째 문을 지나고, 두 번째 문을 지나고 세 번째 문까지 지나서 다시 교회에 가보니 여러 사람이 거기에 모여서 베드로를 위해 기도를 하고 있었습니다행 12:12.

어떻게 이런 일들이 가능했을까요? 다윗의 중심에도, 베드로와 베드로를 위해 기도하는 교회의 모든 사람들의 중심에도 하나님이 계셨습니다. '하나님은 반드시 나를 지켜주시고 나를 높여주시고 내게 응답해주실 줄 믿는다'는 기도가 다윗과 베드로를 죽음에서 벗어나게 하였습니다.

믿음은 모든 사람들의 것이 아닙니다. 믿음은 내 것으로 만드는 자의 것입니다. 백화점에 가면 물건들이 많습니다. 하지만 눈으로 본다고 다 내 것이 아닙니다. 돈을 주고 사야지 내 것이 됩니다.

모두가 귀한 것을 누릴 수는 없습니다. 그 귀한 것을 얻은 한 사람만이 그 행복을 누릴 수 있습니다. 믿음을 누리십시오. 믿음을 내 것으로 만들면 삶에 놀라운 일들이 일어날 것입니다.

Step of Faith

다윗 여호와께서 이기게 하셨더라

지은이　　유병용
2016년 9월 1일 1판 1쇄 펴냄

펴낸곳　　도서출판 예수전도단
출판 등록　1989년 2월 24일(제2-761호)
주소　　　경기도 고양시 일산동구 호수로 340-11, 301호 (백석동)
전화　　　031-908-9987 · **팩스** 031-908-9986
전자우편　publ@ywam.co.kr
홈페이지　www.ywampubl.com
임프린트　와웸퍼블

ISBN 978-89-5536-517-7

와웸퍼블은 도서출판 예수전도단의 임프린트입니다.
책값은 뒤표지에 있습니다. 잘못된 책은 바꾸어 드립니다.